留学経験なし!
だけどTOEIC®テスト満点！

「超音読」英語勉強法

野島 裕昭
Hiroaki Nojima

日本実業出版社

はじめに

TOEIC満点は雲をつかむような話ではない

この本では私が独学でTOEIC満点を取った勉強方法について述べていきます。まずは大変恐縮ですが、私が本格的に英語学習をはじめるに至った経緯を知っていただけたらと思います。

世の中には「海外生活が長くて、最初の受験でいきなり満点を取りました！」という方もいますが、それに比べて私の場合は海外経験がほとんどなく（ニュージーランドに2週間のみ）、高校2年生の夏の時点で英語の偏差値は42。高校3年生になると学校への反発心から英語のテストで0点を取り、高校はそのまま中退しています。

その後なんとか大検を取得し、手に職をつけようと考えて獨協大学の英語学科に

今日からTOEIC満点を目標にしよう！

～私のTOEIC受験歴と得点（抜粋）～

大学１年	2002年11月	670（L360 R310）	
大学２年	2003年11月	820（L425 R395）	＊1年で150点アップ!!
大学３年	2004年12月	830（L435 R395）	
大学４年	2005年６月	940（L485 R455）	＊半年で110点アップ!!
	2006年３月	965（L485 R480）	＊ボランティア通訳検定（Ｖ通検）Ａ級を取得
社会人２年	2008年３月	990（L495 R495）	＊英検１級を取得

※L＝リスニング、R＝リーディング

進みました。最初に行なわれたレベル分けのテストでは中の上くらいの平凡なクラスに割り当てられています。初めてのネイティブの授業では、海外経験の豊富な同級生たちと比べて自分があまりに何も話せないので愕然としました。

当時の私にはＴＯＥＩＣ満点などもちろん夢にも思っていないことで、とりあえず就職活動で通用するといわれていた６００点を目標に英語の勉強をはじめました。英語を勉強されている方々からすれば、これといって突出した部分のない本当に普通のレベルの大学生だったと思います。

以上が、本格的に英語の勉強をはじめ

るまでの私の経緯です。海外経験も学力もさほどない、本当に平凡な出発地点だったことがご理解いただけたのではないかと思います。そんなスタートからでもコツコツと勉強をして24歳でTOEIC満点が取れたわけですから、TOEIC満点は皆さんが想像されているよりもずっと身近な目標なのです（英検1級もしかりです）。

英語は一生を通じて学ぶものなので、資格というのは言わば単なる通過点に過ぎないものですし、資格では実際の実力は測れないという批判も少なからずあります（この点に関しては同感です）。しかしながら、やはり人目を引く資格をもっていると周りの反応がガラリと変わり、自分に箔がつくというのも事実です。せっかく英語の勉強をされるのでしたら、ぜひ5年先、10年先を見すえて、大きな資格にチャレンジしていただきたいと思います。

小さな工夫をたくさん見つける

大学に入ってからの4年間は、まさに勉強方法の〝実験期間〟と呼ぶにふさわしい生活をしていました。

・時には1年間、まったく英語を読まない期間を設けたり（リスニングに専念してカタカナ発音を排除しようと思ったからです。今思えば失敗でしたが…）
・時には3倍速でリスニングをしたり（向き不向きはあると思います。試してみる価値はあるかもしれません）
・時には骨伝導ヘッドフォンでリスニングをしたり（高周波が聞き取りやすいという噂があります。また、母親の羊水の中にいる胎児は骨伝導で音を聞いているらしいです。効果があったのかは謎のままですが…）

実にいろいろなことを試してきましたが、胸を張ってはっきりと「効果アリ！」と断言できる最善の方法は次の４つです。

・リーディング
・リスニング（シャドーイングを含む）
・実践の会話
・単語の復習

かなり一般的な勉強方法なので、呆気にとられた方も多いかもしれません。しかし、子供のようにスンナリと言語を身につけることができなくなってしまった私たち大人にとっては、この４点セットが外国語習得の王道だということに疑いの余地はないと思います。

では、こうした誰もが考えつくような方法でよいのであれば、英語が得意な人と苦手な人の差は一体どこにあるのでしょう。もちろん勉強時間やセンスの差といったものが関係するのかもしれませんが、個人的には「ちょっとした工夫の差」が一番大きいのではないかと思います。勉強をしている本人達でさえ自覚していないくらい、本当にちょっとした意識の差です。

英語がなかなか上達しない人は一見するとちゃんと勉強をしているように見えますが、上達していく人と比べると毎日ほんの少しずつ、自分では気づかないほどの小さなズレがあるようです。そのズレにいかに早く気がついて、正しい方向に修正していけるかが上達のカギとなります。

試しにここで、今までの勉強方法および勉強に対するご自身の考え方を振り返ってみてください。

□「聞き続けていればそのうち慣れる」ということだけを頼りにリスニングをしている
□リーディングは、読解さえできていれば問題ないと思っている
□音読の練習もしているが、棒読みで済ませている
□英語は読めるけど話すのは苦手だ
□国内ではなかなか話す機会が見つからない
□話す力をつけるにはまずは単語力だ

以上の項目にチェックが入った方は、もしかしたら今の勉強方法にズレがあるのかもしれません。

コツコツと勉強することが大事なのと同様に、コツコツと自分の勉強方法のズレを改善することが、最終的には大きな差となります。

この本を通じて何か1つでも気づきを得て、実行していただくことで、皆さんの英語の上達に少しでも貢献できればと思います。

英語の達人の共通点を見つけよう！

私は英語の勉強をはじめたときから7年以上にわたって、自分が見つけて実践した小さな工夫をすべて書き残しておきました。本書はそれらをもとにして、英語を学ぶ際のいろいろなコツをまとめたものです。とくに音読を効果的に行なうことが英語上達の近道だと私は確信しており、音読のやり方については人一倍のこだわりをもっています。そういった理由から、本書のタイトルは「超音読」としています。

ただ、この本で紹介する方法は、私自身の経験に基づいて自信をもってお勧めする方法ではあっても、「この方法でなければダメだ」と言っているわけでは決してありません。あくまでもさまざまな勉強方法がある中で、一握りの方法をご紹介しているということをご了承ください。

よくある例えですが、エベレストの登頂に成功した人がエベレストの登山について語るとき、その人はその人が通った登山コースについてしか語れないわけです。これと同じ理屈で、私は私が経験した学習方法についてしか語ることはできません。

しかしながら、英語ができる人には少なからず共通のやり方、もしくは共通の持論（少し矛盾した表現ですが）といえるものがあるように思います。たとえば、1人でも英語を使う習慣がある、意外に文法を大切にしている、ある時期に英語をひたすら読んだ・書いた、などです。

私自身をそのような先輩方と同列にするのは本当に恐れ多いことですが、英語ができる方々の書籍を何冊か購入して研究することで、必ずそういった「できる人に共通の何か」が見えてくるはずです。

それを見つけるための1冊としても、この本を読んでいただければ幸いです。

英語は日本で必ずモノにできます。

ぜひ1人でも多くの方がこの本をきっかけに英語力を向上させ、「何年海外に住んでいたの？」と周りから賞賛されるようなスキルを身につけていただけたら、これに勝る幸せはありません。

✔これから本書を読まれる方に

英語の勉強はすべて有機的に繋がっています。とくにリーディング（音読）の勉強を効果的にすることで、リスニング力やスピーキング力を劇的に伸ばすことが可能です。リスニング力をすぐに伸ばしたいという方も、スピーキング力だけが仕事で必要だという方も、どうかすべての章を読むようにしてください。

「超音読」英語勉強法◎目次

第1章　「読む」だけで英語は必ずマスターできる

第2章 最大限の効果をあげる教材と活用法

第3章 リスニング力が飛躍的に伸びる音読のコツ

第4章 読めば読むほど、スピーキング力が驚くほど伸びる

第5章 TOEIC満点の単語力が身につく勉強法

カバー装丁　◎井上新八
本文イラスト◎斎藤ひろこ
本文ＤＴＰ　◎一企画

第1章

「読む」だけで英語は必ずマスターできる

リスニング力はリスニングでは伸びない

多少オーバーな表現に聞こえるかもしれませんが、決して奇をてらっているわけではありません。リスニング「だけ」でリスニング力を伸ばそうとすることは戦略的に間違っているのです。

聞き続ければそのうち慣れる、という考え方にはたしかに一理あります。もともと英語の知識がある方でしたら、聞き続けるだけでも相当な効果があるでしょう。また、「英語の音は日本語より周波数が高く、ひたすら英語の周波数に耳を慣らすことで英語が聞き取りやすくなる」という理屈もあります。

しかし多くの英語初級者にとって、英語が聞き取れない主な原因は周波数ではないと思います。そもそもの原因はいたって単純で、**ネイティブのスピードで英語を理解することに慣れていない**のです。

口を動かして音読してみよう

The debate over climate change is getting hotter than ever. A U.S. senator now claims the scientists have illegally profited from what he calls, quote, "the hoax of climate change." And the U.N.'s point man on the environment is leaving his job amid accusations that both sides in the climate change debate have twisted the data.

（CNN Transcripts for February 26, 2010より）

このことをご理解いただくために、簡単なテストをしてみましょう。

ここに、CNNのアナウンサーが実際のニュースで読み上げた原稿があります。上の原稿をアナウンサーになったつもりで、なるべくネイティブに近い自然なスピードで音読してみてください。黙読ではなく、必ず口を動かして音読してください。

いかがでしょうか？　原稿を見ながらの音読でさえ初級者にとっては内容を理解するのが困難なのではないかと思います。ましてや原稿も見ずにネイティブの速い英語をリスニングするとなれば、今よりもはるかに難易度が上がるわけです。

ネイティブの英語をネイティブなみに聞き取れるようになるには、ネイティブなみの速度と理解度でスラスラと音読ができなければならない。

とても難しいことですが、リスニング力を確実に伸ばしたい方はこういった発想をもつことが必要です。文字を読むという行為に何らかのハンデがある方は別ですが、**リスニング力を伸ばしたいのなら音読力を同時に伸ばしていく**ことが最も効果的です。リスニング力は音読力に比例して伸びていくと考えてください。

本来でしたら、「リスニングの練習は大事だ」と声を大にして言いたいところなのですが、周りの英語学習者の話を聞いていると、「聞き取れないけれどとりあえずBGMとして英語を流しています」とか「仕事が忙しいので英語の勉強は通勤時にリスニングだけやっています」などといった声が多数あります。

どうもリスニングという勉強が「イヤホンをつけて再生ボタンを押すだけのお手軽な勉強法」だと、軽く思われがちなところがあるのではないかと思います。たいして効果が出ていないのに毎日リスニングばかりするのは盲信的という気がします。

かくいう私も、以前はリスニング信者でした。**大学1年生のころはおよそ1年間で1000~1500時間は英語を聞いた**のではないかと思います。それだけのことをやったからこそ、経験談として「リスニングだけでリスニング力はつかない」と胸を張って主張しているのです。社会人になってからも、私以上にリスニングに時間を割いているのに、依然として初級者のレベルから抜け出せていない学習者にお会いしたこともあります。

リスニングで勉強時間を稼ぐのはある意味とても簡単なことです。リスニングは一番さぼりやすい勉強でもあるからです。

リスニングのみでリスニング力を上げることができるのは、よほどセンスのある大人か、はたまた変化に柔軟な子供でない限り難しいと思います。それに彼らでさえ、人と人とのコミュニケーションを通じてリスニング力を身につけていくのであって、ひたすらイヤホンから流れてくる言葉を聞き取るだけでリスニング力が身につくわけでは決してありません。

自分が今までどのようにリスニングの勉強をしてきたかを少し見直し、もし手抜きをしているようならば、改めることが必要です。

リスニングは勉強時間に含めない

リスニングの土台を作る速音読

さて、リスニングの土台ともいえる音読力をしっかりと作り上げるためには、簡単な英語の本（1ページに分からない単語が1〜2個というレベルのもの）をたくさん音読するのが効果的です。**自分が理解できるスピードの範囲内で、限界まで読むスピードを上げていく**のです。同じページを繰り返し読んでもかまいません。繰り返し読むことで、英語を英語の感覚で（日本語訳に頼らず）より感じ取れるように意識してみてください。

参考までに、私が働いている学習塾の中学3年生の生徒に次ページの英文を20回音読してもらいましたので、その記録を載せておきます。

少しずつですが、回数をこなすにつれて時間が短縮されているのが分かります。10回ほど音読すると、「もうタイムは縮まらないかな〜」と思ってしまいがちですが、

20回読んでみよう！

Have you ever used the Internet? Without it, we can not send e-mails to each other or look for information on the Web. It's difficult for many people to imagine life without the Internet today.

We've used the Internet since the 1960's. At first, two computers used a telephone line to communicate. It was very, very slow. Today, we can quickly send and receive messages with our cellphones. We can even send e-mails from trains.

However, we also receive more and more "junk mail." "Junk mail" is mostly advertising and it is often a long, useless message. If we send long messages, people might think our e-mail is "junk mail."

Do you know how to write a good e-mail message? The rules for writing good e-mails are called "netiquette" (net etiquette). For example, never write a message in all capi-

tal letters (MY PLAN!); this is like shouting. Use symbols to express your feelings (:-)).

And write short e-mails so people can understand your message quickly. One last thing: always check your messages before you say, "I've sent you an e-mail."

（『SUNSHINE ENGLISH COURSE 3』開隆堂出版より）

音読すればするほどスピードアップ

記録

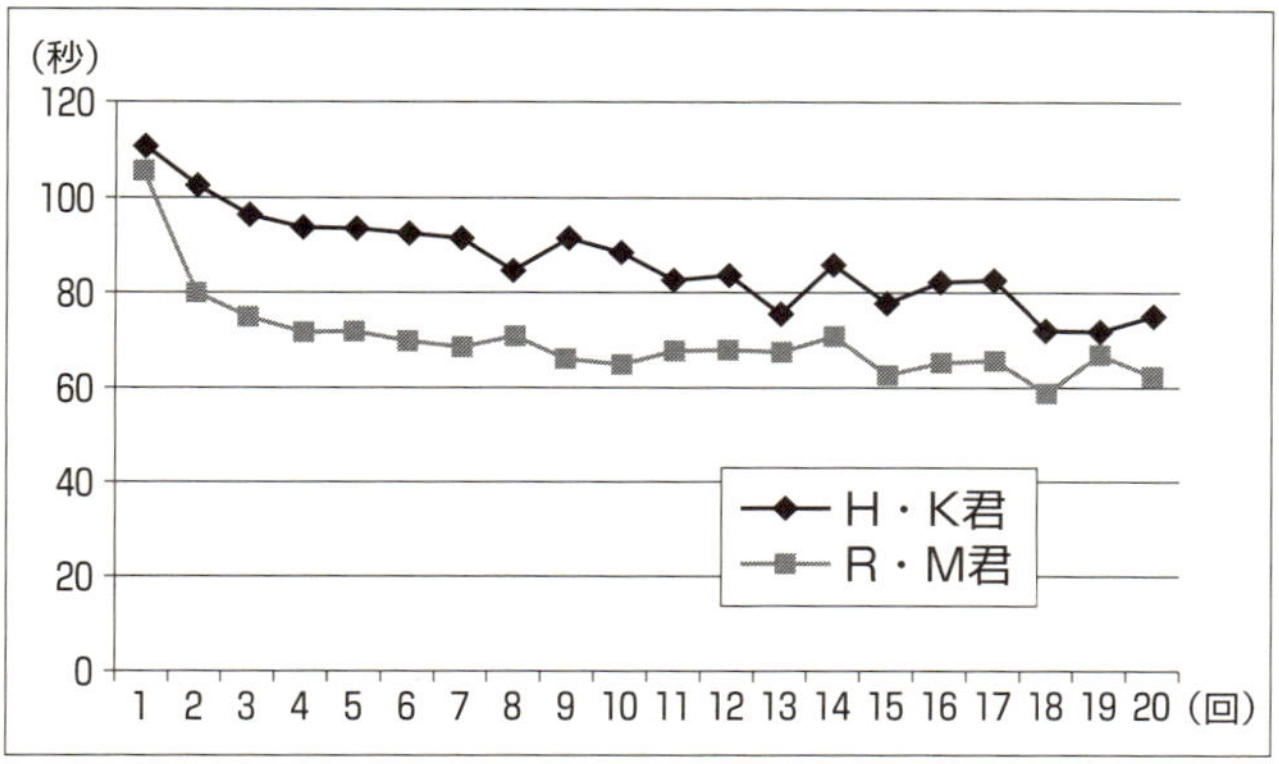

2人とも18回目で最速タイムが出ました（ちなみに私の最速タイムは39秒です）。

このような集中した作業を10～20分こなしたうえで、次に間髪を入れずに（ここが大事です！）リスニングに移ります。まだ脳が音読モードのうちに、あたかも自分が音読をしているかのようなイメージをもって、ネイティブの英語を聴いてみてください。**速いスピードで集中して音読をした後にリスニングをすると、驚くほど聞き取りやすくなっているのが実感できる**と思います。脳が英語モードに切り替わっているのです。

海外生活が長かった人はともかく、普段日本語を使って生活をしている私たちがいきなり英語モードに突入するのは難しいものです。

とくにリスニングの場合、容赦なくいきなりトップスピードで英語が耳に入ってきますので、なかなか脳がついていけません。トップギアでいきなり車を動かそうとするようなものです。その点、音読ならば、最初はゆっくりと脳を慣らしてから徐々に自分の限界までギアチェンジをするということが可能です。

集中して速く音読をすること（速音読）は、英語脳を効率よくウォーミングアップするのに最適な運動です。

あまりに効果があるので、私は一時期、英語を使う機会がある際は前もって必ず数分間は速音読をするようにしていました。ＴＯＥＩＣ受験に関しても、私は満点を間近にして2回ほど足踏みをしていたのですが、3回目の受験の直前にこの方法を思いつき、テスト直前にひそかに速音読をして（といっても他の受験生もいますので口パクですが）、そのおかげで晴れて満点を取ることができたと思っています。

普段の勉強でも、**「速音読→リスニング→速音読→スピーキング」など、速音読を間に挟んで英語の脳を活性化させることは非常に有効な手段**です。ぜひともすぐに実践していただきたい方法です。

速音読でギアチェンジしながら勉強する

ネイティブのスピード感を体験する

「速」音読、といっても、実際はどのくらい速く音読できるようになればいいのでしょうか。

私がお勧めするのは、**「このページだけはネイティブの日常会話以上のスピードで読める！」というレベルに達するまで練習してみる**ということです。

たった1ページでも、ネイティブのスピードを自分の口で体験しておくということは非常に有意義なことです。普段の自分の音読速度とネイティブの会話速度がいかにかけ離れているのかが、口の動きで体感できるので、それによって普段から無意識にネイティブの速度を意識して英語の勉強をするようになります。

水泳の練習でも、コーチが選手の体に太いゴムをつけ、その選手が目標としているタイムのスピードで選手を引っ張ってあげて、そのスピード感を体で覚えさせるという話を耳にしたことがあります。

英語の勉強でも、まずは皆さんが目標とするネイティブのスピード感を体験（耳ではなく口で）するところからはじめましょう。

速音読でスピード感を養う

「意味の固まり」を意識して音読する

ここからは音読の勉強について、より具体的に述べていきたいと思います。

音読はできるだけ感情を込めて練習していただきたいのですが、そのためには当然ながらまず英文の意味が理解できなければなりません。そして意味を理解するためには、最低限の単語力と文法の知識が必要となります。ときどき英会話と文法を切り離して考える学習者もいますが、大人が英語を学ぶ以上、ある程度の文法の知識はあったほうが確実に上達します。

文法といっても試験対策をするわけではないのですから、文法の問題集を解く必要はありません。感情のこもった音読をするために、最低限理解していてほしい知識は次の2つだけです。

①単語と単語のつながり

・動詞＋副詞のセット（run fast, speak slowly, play ～ well）
・前置詞＋名詞のセット（at home, in the morning, during the summer）

②区切れ

これは言葉の固まりを見抜く力で、大学受験の参考書などによく載っている〝スラッシュ〟のことです。何を基準に区切るかですが、これは自分が分かればよいわけですから、次ページのようにある程度独自の感覚で結構です。

これらの文法に自信のない方は、『学校では絶対教えてくれない 超・英文解釈マニュアル』（かんべやすひろ著）や『ビッグ・ファット・キャットの世界一簡単な英語の本』（向山淳子・向山貴彦著）などの分かりやすい参考書を使って勉強してみることをお勧めします。

英文が固まりで見えるようになれば文法に関しては合格です。文の区切りが瞬時に分かるようになれば、読解力、ひいては音読力やスピーキング力もグンと伸びて

言葉を固まりでとらえよう！

This lake is／among the deepest／in the country.

（この湖はね／最も深いものの中の１つだよ／その国で）

➡訳さずに理解することが理想ですが、どうしても日本語に訳したいときは「～ね、～ね、～よ」の形で訳すと返り読みしなくても意味がとれます。amongやinなど前置詞の手前では１度区切って読むと分かりやすいことが多いです。

Globally,／17 percent of the world's power／comes／from nuclear facilities.

（地球規模で見るとね／世界のエネルギーの17%はね／来ているよ／原子力発電所から）

➡主語（17 percent～）の前に言葉（Globally）がある場合は、主語の手前で区切ります。ofは前置詞ですので手前で区切ってもよいですが、頻繁に出てくるのでなるべく区切らずに読めたほうがよいです。動詞comesの手前で区切ったのは主語が長かったためで、fromは前置詞なので手前で区切りました。

In Japanese,／"san" is a term of respect／similar to "Mr." or "Ms."／in English.

（日本語ではね／「さん」は尊敬の言葉だよ／「ミスター」や「ミズ」のような／英語の）

いきます。

慣れるまでは意味の固まりごとに少し間を置いて、咀嚼するように、ゆっくりと語りかけるように読み上げてください。

一口分ずつゆっくり音読する

初級レベルでは日本人に教わる

文法は最低限でよい、とはいえ、随分と英語の勉強から離れてしまっている人にとって独学は大変かもしれません。お金に余裕があるなら誰かから教わるほうが効率もよいでしょう。そういった場合は、誰に文法を教わったらよいのでしょうか。

多くの英会話スクールでは、日本人の先生が初級クラスの文法を担当し、会話のクラスはネイティブが担当しているようですが、やはり初級レベルの勉強は日本人に教わるのが一番でしょう。とくに、大人になってから英語を身につけた人であれば、自身の経験から初級者を伸ばすツボを心得ている可能性が高いからです。

スクールに通うお金がなければ、前述した文法テキストなどを購入して、周りにいるＴＯＥＩＣ６００以上の方にサポートを頼めば基本的な文法は理解できるようになると思います。

文法というのは、基本的な事項さえ覚えたら、あとはあまり深入りする必要はありません（文法を究めたいという場合は別ですが）。

日本語でもそうですが、そもそも「正しい文法」というのはあってないようなものので、「正しくないけれど自然な文」というのも実際にはありふれているものです。洋書を読んでいて、「意味はなんとなく分かるけれど、文の構造が分からない」という文が数ページに1つ以下でしたら、文法は合格と考えてよいと思います。

ちなみに発音の勉強も同様で、いくらネイティブの発音に憧れるといっても、物心がつく前から自然に英語を話している（要は〝勉強〟で身につけた経験がない）ネイティブから教わるのはリスクがあります。

発音の基礎や練習方法はまず日本人から教わり、ある程度上達した時点で、さらに上を目指したいのであればネイティブに細かい発音をチェックしてもらうといった手順がよいと思います。

ネイティブ信仰は捨てる

本を「聞く」ことで身につく音読力

学校の授業で音読といえば、あらかた本文に出てくる英単語の発音を確認する程度の扱いでしたので、音読に真剣に取り組まれたという人はあまり多くないのではないかと思います。音読があまり得意ではないという人は、まず音読の前段階として、一度黙読によって音読のイメージをつかむというのが有効な手段です。

黙読といってもリスニングに近い感覚で行なうのがコツで、「読む」というよりは「本を聞く」といったイメージで行ないます。たとえば、**今からこの本を田村正和さんや森本レオさん風にして、心の中で読んでみてください**（もちろん別の人でもよいのですが、話し方に特徴のある人のほうがイメージしやすいと思います）。

自分の心の声を変えて黙読するというのは、意外と簡単で、面白いものだと思いませんか。私はもともと読書が苦手だったのですが、森本レオさんの声で黙読してみたら、驚くほど集中して読めたという経験があります。

日本語の次は、**自分の好きなネイティブ（映画俳優や歌手など）の声を想像して、その人が自分の横に立って朗読してくれているかのような錯覚に陥るくらい、集中して本を「聞いて」みてください。**自分の好きな声をイメージすると集中して心地よく勉強することができますし、不思議と速く読めます。ストレスなくリーディングができるようになればしめたものです。

この「本を聞く」という練習は、ネイティブの英語の音をイメージしながら読むことが目的ですので、あまり理解度まで気にする必要はありません。慣れないうちから一度にあれこれと集中するのは難しいものです。初級者のうちは発音に集中している間は理解度が下がり、理解に集中している間は発音が平坦になってしまうのは仕方のないことですので、あまり気にせずに練習を続けるようにしましょう。慣れていくに従ってバランスが取れるようになります。

幻聴を体験する

お風呂で音読トレーニング（1）

お風呂で歌を歌うのは気持ちがよいものです。声が共鳴してよく響くので、まるで自分が本物の歌手になったような気がしてよいストレス発散になります。これと同じような現象は英語の音読にも当てはまります。実は英語が堪能な人で、入浴中に英会話の練習をしている人は意外に多いようです。

英語で独り言ができるほどスピーキング力がない人は、お風呂で音読をすることをお勧めします。

洋書をお風呂に持ち込むと濡れてしまいますので（ビニール袋などに入れるか市販のお風呂用ブックカバーをつければ大丈夫ですが）、英字新聞など捨ててもよいものを持ち込んでください。また、ＮＨＫ外国語講座の教材や『茅ヶ崎方式　月刊英語教本』（茅ヶ崎出版）といったものを毎日1～2ページくらい切り取って持ち込むのもよいかと思います。

お風呂場では辞書が使えないという欠点がありますが、この際細かい内容までは分からなくても結構です。

せっかくのお風呂タイムなのですから、リラックスしながら、あたかも自分がCNNやBBCのニュースリポーターになったかのような気分に酔いしれて、気持ちよく音読してください（なり切る、というのは英語に集中する上で案外大切なことです）。**お風呂で共鳴した自分の発音を聞いてみると、普段より格段に上手に聞こえるので楽しい**ものです。

実際、ネイティブの発音と日本人の発音との一番大きな違いは、声の響かせ方にあると私は思っています。

「発音」自体はイマイチでも、しっかりと響かせて「発声」された英語は思いのほか上手に聞こえるものです。日本人の歌手が英語の歌詞を歌っているときに意外と上手に聞こえるのは、発声が上手だからではないかと個人的には思います。

もちろん上手に聞こえるというだけではなく、発声がよくなればその分相手にとっても聞き取りやすくなるのですから、**響きを重視して発声を向上させることは非常に大事なこと**です。

お風呂でネイティブ気分にひたる

お風呂で音読トレーニング（2）

先ほどの「お風呂で音読トレーニング（1）」の内容を先日、とある英語雑誌の取材でお話したところ、後日次のようなメールをいただきました。

野島さんにお話を伺っていて、あきらめずに勉強してみようかなあという気持ちになりました。早速、お風呂で毎日20分を目指して音読しましたが、これはきついですね。ずいぶん読んだと思って時計を見たら、まだ4分半でした……。

実際に音読をすると分かると思うのですが、音読をはじめたばかりの頃というのは時の経過が大変遅く感じられるものです。「20分」というとあまりそのようなイメージはないかもしれませんが、実際は20分も音読すれば相当な量になるので、毎日お風呂での音読を習慣づけることができたら必ず効果があります。

せっかく20分音読をするのでしたら、半身浴と一緒にやるのはいかがでしょうか。半身浴も基本的には20分以上やるものですので時間的にも丁度よさそうですし、継続が難しい語学とダイエットを一緒に解決してしまえるすばらしい習慣ではないかと思います（ちなみに半身浴は血行促進が目的ですので減量に直結するわけではないですが、冷え性対策になって新陳代謝が上がるというダイエット効果が期待できます）。

〈音読半身浴を楽しむ方法〉

・体温より少し高い温度（37〜40度）にお湯を設定する

これ以上熱いと長時間入るのが難しくなります。

・みぞおちか、おへそよりも下だけ浸かる

内蔵への負担を軽減させます。お湯を少なくするか、または湯船の中にイスを入れて座る方法もあります。

・上半身が冷えない工夫をする

お風呂を沸かすときに浴槽にふたをしないでおくと浴室が暖まります。半身浴中は腕や上半身を濡らさないようにし、必要なら乾いたタオルか濡れてもよいTシャツを羽織って入浴するのもＯＫです。

・ペットボトルを持ち込み、水分補給をしながら20〜30分音読する

あまり時間は気にせず、リラックスして楽しむのがコツです。

ランニングと同じで音読も前半は時の流れがゆっくりに感じられると思いますが、後半になるにつれて「ランニングハイ」ならぬ「音読ハイ」のような時間が訪れます。**「最初は努力、最後は娯楽！」**ですので、毎日の入浴タイムを自分磨きの時間に変えてしまいましょう。

音読×半身浴ダイエットで自分磨きをする

音読は発音さえも鍛える

音読をする際には、発音を磨くことにも意識を置いてください。音読の発音がよくなれば実際の会話での発音もよくなりますし、リスニング力の向上にも大変役立ちます。

発音を磨くためには、個々の母音・子音の口の形を覚えることも大事ですが、それよりも**まず響く発声を意識したほうがよい**と思います。発音をどんなに練習しても、英語で話すことに緊張してしまって声を響かせることができなければ、相手には伝わりにくいからです。

普段は大きな声でしゃべっている人でも、英語を使っている時は知らず知らずのうちに小声になっているもので、個々の単語の発音は奇麗なのに何度も相手から聞き返されるということが意外と多いものです。そもそも日本人は日本語でさえあまり響かせて発声しないのに、英語となるとさらに委縮してしまうので、その結果、ネイティブにとって聞き取りづらくなるのです。

ですので、発音より先に発声から改善し、響く声で堂々と英語を話す習慣を身につけることによって、相手が聞き取りやすい英語を目指しましょう。英語を使うのは緊張してしまうものですが、かりに内心は緊張していても、響く声は練習すれば出せるようになります。

極端な話ですが、**しっかりと共鳴した「発声」で話していれば、たとえ「発音」がでたらめであっても、周りの日本人からは「日本人離れしたよい発音」と評価される**ようになります。手前味噌ですが、私が現にそのような体験をしてきました。

録音して聞いてみても、私はとくに母音の発音が曖昧ですし、子音の発音もまだまだ未熟な部分があるようで、正直自分でも聞くに堪えないような発音をしています。しかしそれでも発音についてはネイティブの方からも「聞き取りやすい」「なぜそんなに発音がいいんだ？」と褒められることが多いですし、英語のできる日本人からも多くのよい評価をいただいています。

響く発声をしっかりと身につけ、後述する口を閉じて行なうシャドーイングなどで英語のリズム、イントネーションさえ練習すれば、細かい発音の悪さはカバーできてしまうものなのです。発音は上手なのに声が小さくて聞き取りづらいという人の英語よりは、自信をもって堂々とカタカナ英語を話している人のほうが、聞いていて気持ちよいと感じることもあります。

声を響かせるコツですが、私の場合、**英語を話すときは少し声を鼻にかけて出すようにしています。また、声が頭のてっぺんから後ろのほうに当たっている（抜けていく）ようなイメージももっています。舌の根元は少し下げ、口の奥は広げて腹式呼吸を使い、そしてできるだけ顔や胸などが振動するように発声しています。**

はじめこそ意識して自分の声を作っていましたが、今ではこれが当たり前になりました。男性の場合は、しゃべる前に少しのど仏を下げるようにしてみると、口の奥が開く感覚がつかめるかもしれません（力を入れてしまうとのどを痛めますので気をつけてください）。

発声について知識がない人は、一度発声についての本を購入してみるか、話し方のボイストレーニングを受けてみるのもよいかと思います。

私もアナウンサー向けのボイトレや、ビジネスマン向けのボイトレ（ビジヴォ）を受けたことがありますが、プロから教わるとやはり即効性がありますし、かりに週1日のレッスンであっても、残りの6日間の意識も変わりますので、費用対効果も決して悪くないと思います。

そしてボイスレコーダーなど（なければ携帯電話など）を利用して自分の声を分析し、試行錯誤をしながらよりよい発声方法を編み出してください。

自分の声を聞くというのは本当に恥ずかしいものですが、**声に自信がもてるようになると話し方の印象もガラリと変わります。**そして何より、英語の発声に得意意識が芽生えれば、英会話や音読をすることがどんどん楽しくなるので、勉強もまったく苦ではなくなります。その状態を目指してぜひ頑張ってください。

Do It!

洋書の音読でボイトレする

子音の発音は息で改善できる

英語は息の言語だと言われます。破裂音（/b/ /p/ /t/ /d/ /k/ /g/など）にしても摩擦音（/s/ /z/ /f/ /v/など）にしても、奇麗に発音するためには強い息が不可欠です。逆にいえば、**息を強く使うようにするだけで子音の発音は大幅に改善できます**（発音教材は『ＵＤＡ式30音トレーニングＤＶＤ』（鵜田豊著）が分かりやすいです）。

洋書とボイスレコーダー（なければ携帯電話の録音機能などで結構です）を用意して、次ページのトレーニングをやってみましょう。

音読している段階ではあまりピンとこないかもしれませんが、録音した声を客観的に聞いてみると息の大切さがよく分かると思います。**息を強く使う、たったそれだけのことで大分英語らしい発音に変わったはず**です。

息を強く使うトレーニング

①「シーっ!!」と子供を黙らせるときに使う音（のどは鳴らさずに息だけを出します）を、限界まで強く、３回練習してください。

②同じくらい強い息で、次の英文を音読してみましょう。

Cheap ship trip.

（安っぽい船の旅）

Shy Shelly says she shall sew sheets.

（内気なシェリーは、シーツを縫うと言う）

※sewの発音はsoと同じ

私が大学生のころは、「息に乗せて声を出す」もしくは「息で声を包み込む」というようなイメージをもって子音の練習をしていました。

この辺りは個人的な感覚なのでお伝えすることが非常に難しいのですが、もしコツがつかめないときは、ため息混じりに思い切り英語で愚痴を言うのもよいかもしれません。ため息混じりの言葉は、普段よりも息が多くブレンドされていますので英語らしく聞こえます。小さなため息では駄目で、**できるだけ大きなため息に乗せて、ストレスをすべて吐き出すように発音**してみてください。

また、少々下品ですが、**興奮して唾を飛びちらしながら話してみるのも有効**です（意外と飛ばないものですので安心してください）。かなり思い切った方法ですが、息を強く使うという感覚をつかむにはよい方法かと思います。

あるいは、思い切り笑いながら発音する、もしくは運動した後にゼイゼイ言いながら発音するなど、とにかく息をたくさん使う工夫をしてみてください。それらを録音して聞いてみれば、自分はどういうときに一番上手に息が使えているのかが分かってきます。いろいろと試行錯誤して、**強くてキレのある発音**を目指しましょう。

ちなみに息を強く使う習慣が身につくと、個々の子音の発音がよくなるばかりでなく、**単語と単語のつながりが滑らかになって流暢に聞こえる**という嬉しい特典もあります。練習を重ねて、いずれは意識をしないでも自然と強く息を使えるようになってください。

唾を飛ばしながら音読する

イントネーションを自在に操るコツ

息を鍛えることで流暢さがアップしたら、次はイントネーションに磨きをかけていきましょう。日本語は抑揚に乏しい言語ですので、まずは英語の大きな抑揚に慣れていかなければなりません。ポイントは自分の声を楽器だと思うことです。

楽器を操るには指揮者が必要ですね。自分の声の指揮者になったつもりで、**シャドーイングをしながら（具体的なやり方は132ページ参照）、または洋書を音読しながらリズミカルに手を動かして、大げさに抑揚をつけていきましょう。**自分ではかなり大げさなつもりでも、録音して聴いてみると割と平坦なイントネーションだったりするものです。

英語を使う機会が少ない人は、一度抑揚をつける練習をしても、少し時間が経つとすぐに平坦なイントネーションに戻りがちです。私たちは普段、英文の意味や個々の発音にばかり意識をとられて、なかなかイントネーションにまでは意識が及ばないので仕方ありません。

ですので、**音読をしている最中は自分の腕や手首を振ることで、できるだけイントネーションに気を配るよう努力する**ことが必要です。これはわずかな工夫ですが効果は大きく、とくに初級者には大変お勧めです。私はたとえ電車の中であってもカフェの中であっても、音読（声が出せないときは口パクです）の練習をする際には、できるだけ手を上下に動かすようにしています。

こういった手の上下運動（**音読チョップ**）を行なうと、それまで棒読みだった人でも徐々に感情をこめられるようになって、英語での表現力が格段と上がります。それにつられて不思議と表情まで豊かになります（音読をしているときはどうしても仏頂面の場合が多いのです）。

通訳の方々も、言葉に感情を込めるために自然と身振り手振りを交えて仕事をしているものです。とくに手を上下に動かす動作は、交渉事のときに相手を説得するのに有効なジェスチャーですので、英語を使うビジネスマンの方は練習しておいて損はありません。身振り手振りを交えて話すと、会話に集中できて普段よりも言葉が出てきやすいという効果もあります。

テーマは入り込むことです。自分が指揮者になったつもりで、もしくは指揮者になる練習をしているつもりで、遠慮なく豪快に体を使って気持ちの込もった音読ができるようになりましょう。

指揮者になって夢中でタクトを振りまわす

自分の発音をチェックする方法

自分の発音というのは自分ではなかなか評価しにくいものです。自分が思っている自分の声と他人が聞いている自分の声とは違うものですので、やはり録音して客観的に聞くのがベストです。

録音した自分の声を聞くというのは気恥ずかしいものですが、発音を向上させたいのなら何としても乗り越えなければならない壁です。おそらくほとんどの人は、気恥ずかしさからこの作業をあまりやっていないので（定期的にやっている人などほとんどいないでしょう）、1回やってみるだけでも大きな前進です。もし1か月でも習慣づけられたら周りと大きな差をつけれらます。

この際に、**録音する機械を1メートルほど離して置くとよい**と思います。よい発音の第一条件はよい「発声」なのですから、口の形などにばかり気を取られて小声になってしまうのではよくありません。つねに大きな声を意識して取り組んでいきましょう。

録音した自分の英語を聞いてみて、「いまいち棒読みから抜け出せていないなぁ…」と感じたら、一度中国人や韓国人のモノマネをしてみるのもよいかと思います。中国語や韓国語を話せない人でも、「モノマネをして」と言われると意外と上手にネイティブのイントネーションやリズムを再現できる人がいるものです。

英語に限っては妙な照れが邪魔をするようですが、英語も芸人の方がやるようなモノマネの感じでよいのです。**宴会芸でもやっているイメージで大げさに英語のモノマネをやってみましょう。**

知らない外国語のモノマネをする

電車やカフェは最適の勉強場所

音読の勉強はなかなか家の外ではやりづらいと思います。しかし、電車の中やカフェでの勉強というのは、少し恥ずかしい反面、周りの目があるので集中するにはもってこいの環境です。通学や通勤などの隙間時間も活用できるので、ぜひとも外での勉強も習慣づけていただきたいところです。

音読といっても、やはり大きな声が出せないというのが難点ですが、口パクや自分にだけ聞こえるくらいの小声でもかなり脳は働いてくれます。**自分の声を自分の頭の中だけに響かせるイメージで口パクをすると、とても集中できます。**

ちなみにこのときの注意点は、のどに力を入れないことです。口パクで声を出さずに息だけを強く吐いて音読すると、すぐに力んでのどを痛めてしまいますので気をつけてください。

人目も気にせず口や手を動かしながら読書をしている姿は、やはりある程度目立ちますし、周りの人にひかれるかもしれません。

しかし一度はじめてしまった以上、中途半端に勉強をやめるわけにはいかなくなるものです。「私はプロの会議通訳者で、こうした隙間時間を使って通訳の練習をしているんです」くらいの開き直った態度で、ある種の優越感（!?）にひたりながら勉強をしてみてはいかがでしょう。

一度やってみると、意外に家での勉強よりも集中できることに気がつき、むしろそういった環境を積極的に活用できるようになるかもしれません。

多忙な会議通訳者を装う

最も効率的に音読をする方法

最も効率的に音読をする方法は、**音読をする前に日本語訳を見てしまう**ことです。日本語訳と英文を交互に1文ずつ読んでいけば、分からない単語を辞書でひく手間もかからず、理解しながら読み進めることができます。

リーディングの勉強というと、「まず英文を読解してから設問を解く」というイメージがあるかもしれませんが、難しい英文を一生懸命に読解するのが勉強ではありません。

私は大学を受験する際には、英語の偏差値を70前後まで上げることができましたが、設問を解いたり英文を日本語に訳したりする作業はストレスになるのであまりしませんでした（そのためほとんどペンをもって勉強したことはありません）。まず日本語訳を先に読んで英文の内容を理解した上で、英文をひたすら音読して英語を脳に叩き込んだのです。

設問を解く作業が好きだという人は別ですが、そうでなければ先に日本語訳を読んで全体のイメージをつかんでから音読していくことをお勧めします。

そのほうが時間と労力の節約になりますし、より感情を込めてラクに音読することもできます。

考える前にカンニングする

音読は筋力トレーニング

英語という科目は、本来は机上で学ぶものではなく、筋力トレーニングのように筋肉を働かせて体で覚えていく実技系の科目だと思います。

音読を筋力トレーニングだと考えると、英文読解して設問を解いた段階というのは、いわば筋トレ器具の使い方やフォームを理解しただけの準備段階といえます。**英文を理解した上で、何度も何度も繰り返し音読することによって英文を体で覚えていく作業こそが筋トレなのです。**多少オーバーな比喩かもしれませんが、実際、音読を繰り返すことによって英語を話すときに使う口周りの筋肉も鍛えられます。

英語の勉強が下手な初級者は、読解がゴール地点だと思っています。
英語の勉強が上手な初級者は、読解がスタート地点だと思っています。

英語脳を鍛えることができるか否かは、本当は読解を終えた後が勝負なのです。

読解の後に「理解の伴った&心の込もった音読」をたくさん行なうことで、英語脳を正しく鍛えることができます。

読解した後に集中して鍛える

音読はリーディングではなく、スピーキング

英語の勉強で最も大切な心構えは、つねに人とのつながりを意識することではないかと思います。「子供は何千時間もリスニングして言語を習得する」といわれていますが、人との接触が絶たれ、ヘッドフォンなどでただひたすら言語を聞かされ続けた場合、その子供は果たしてしっかりと言語を身につけることができるのでしょうか？　**誰かとコミュニケーションをとっているという実感が、言語を習得する上では必要不可欠な要素**だと私は思います。

もちろんこれはリスニングだけでなく音読でも同じことです。**音読というとリーディングの延長というイメージがあるかと思いますが、スピーキングの延長というイメージで行なわなければなりません。**毎回の音読のこのわずかな意識の差が、あとあとスピーキング力の大きな差になって表れてきます。

スピーキングの感覚を保って音読をするためには、目の前に誰か話し相手がいるのがベストです。シュリーマンという外国語の達人は、外国語の分からない普通の人を雇ってひたすら外国語で話しかけ続けたそうですが、人を雇うお金がなく友達にお願いするのも恥ずかしい場合には（たいていの方はそうだと思いますが）、代わりにぬいぐるみを使いましょう。**目の前にぬいぐるみを置いて、自分の赤ちゃんに読み聞かせをするように、一生懸命気持ちを込めてぬいぐるみに読み聞かせをする**のです。傍から見るとなかなか不気味な光景ですが、そこは英語を効率よく身につけるための手段だと割り切りましょう。

気持ちを込めて音読するコツは、英文の意味を確認してから、一呼吸置いて音読することです。流し読みをしてしまうと、意味の理解にばかり意識をとられて気持ちをこめる余裕がなくなってしまうからです。舞台俳優がセリフの練習をするような感覚で、一文一文丁寧に音読してください。

Do It!

ぬいぐるみに読み聞かせする

睡魔に襲われない音読方法

「音読をすると眠くなります」という相談を何度か受けたことがあります。眠いということは、集中力が切れたり興味関心が失せたりしているわけですから、学習効率を考えるとこれは一大事です。

音読で睡魔に襲われないためには、まず本の内容がとても大事です。「自分は本を読むのが苦手だから」といった先入観をもたずに、興味をもって読める本が見つかるまでしっかりと探すことです（この点については後述します）。

そして、眠くならないように読み方を工夫します。私が実践しているのは、腹式呼吸を鍛えるつもりで音読をすることです。**お腹に手を当てて、ボイストレーニングのつもりで声を出します。**下手でもとにかくお腹から元気一杯に音読すれば気持ちよいもので、このように大声で音読をすると悦に入りやすいので、私は音読で眠くなったという経験はほとんどありません。

カラオケで下手でも気持ちよさそうに歌っている人を見かけますが、私の音読もその一種です（カラオケと違って犠牲者は出ませんから安全です）。とにかくひたすら気持ちよく音読するように意識しています。

わざと頭を揺らしながら読む、というのも気持ちよく音読するコツの1つです。

人間の体というのは本来じっとしているのが苦手で、規則的に揺れていたほうが集中しやすかったりします。飲み会などで気持ちよくしゃべっている人も揺れていますし、カラオケで熱唱している人も揺れています。何かに没頭しているとき、無意識に人は揺れているものなのです。

また、ときには摩擦音や破裂音といった個々の発音に意識を置いて音読することもありますし、頭の中に絵をイメージしながら音読することもあります。多めに間をとって、どれだけ気持ちを込められるかに挑戦したりもします。裏声が出るくらい抑揚をつけたり、渋い俳優のようにしわがれた声で音読したりもします。

音読は単調な作業だと思われがちですが、そうではありません。
単調に音読している人がいるだけで、実際はいくらでも面白くできます。
睡魔に襲われるという方は、音読のやり方に変化をつけてみましょう。

音読で悦に入る

ヤケクソの音読が英語脳を目覚めさせる(1)

発声に自信がもてるようになり、感情を込めて読めるようになると、次第に音読をすること自体が楽しくなっていきます。音読をするたびに「こんなにスラスラ読めるようになったんだなぁ」となんだか嬉しい気持ちになるものです。完全に自己満足の世界ですが、そういったモチベーションがもてればしめたものです。自分の好きな洋書を見つけて長時間ひたすら音読にふけってみましょう。

長時間の音読はスポーツと同じでかなり疲れるものですが、それは脳が働いている証拠ですのでむしろ喜ばしいことです。**本気モードの音読は普通の人が思っているより体力を使う**ものです。

座って音読していて疲れたら、気分転換に立って読むことです。青竹を踏みながら音読をするといったツワモノとお会いしたこともあります。

立って読むのにも飽きてきたら、部屋の中をうろちょろ歩き回ってください。そしてさらに先ほどの音読チョップなどのジェスチャーをブンブン交えながら、豪快に読んでみましょう。とにかく大事なのは体全体を使うことです。

興味のある本を音読していて気分が乗らない場合は、おそらく声が小さいか、体が動いていないか、照れがジャマをして音読に入り込めていないかのどれかです。

このあたりの感覚はカラオケと似ています。カラオケに入って照れながら小声で歌っていてもテンションは上がりません。どうせなら大きな声で盛り上がりたいものです。しんみりと歌うのもアリですが、それはそれでしっかりと感情を込めなければさまになりません。

どうせ誰も見ていないのですから、大きな声で気持ちを込めて音読してください。もともと人には大きな声を出したいという欲求があるのではないかと私は思います。**しっかり感情を込めて音読した後は、気持ちよくカラオケをした後のような爽快感がある**ものです。

もし音読の場所を確保するのが難しいようでしたら、それこそ本当にカラオケルームで音読してみるのはいかがでしょうか（ひとりカラオケ、略して「ひとカラ」です）。英会話スクールに通う費用と比べれば格安ですし、しっかりと声を出して音読すれば英会話スクールに負けない効果があります。ちなみに私も何度か挑戦したことがありますが、昼間の空いている時間帯がお勧めです。

カラオケ気分で音読する

ヤケクソの音読が英語脳を目覚めさせる（2）

大学2年生だった当時、一人暮らしをしていた私は毎日1時間ほど台所に立って音読をしていました。**台所は声が響くので気持ちよく音読できましたし、怠けて座り込むことができませんから勉強には最適の場所**でした（もちろんアパートだったので隣近所に迷惑がかからないようにと、夜の音読は控えましたが）。

音読で使っていた教材は、当時とても好きだった〝About a Boy（ニック・ホーンビィ著）〟というペーパーバックです（新潮文庫で日本語訳が出ています）。278ページある本なのですが、何度も何度も徹底的に読み返し、半年で合計2942ページ音読した記録が残っています（1つの章を音読するたびに「正」の字を本に書き込んでいきました）。

この本の第1章は10ページあるのですが、第1章はとくに繰り返し読んだようで、

70回（700ページ分）音読した記録が残っています。これだけ繰り返し読んでいたので最初の10ページくらいは自然と覚えてしまい、暇なときには暗唱もしていましたので、その回数を加えれば第1章は100回くらい読んだことになるのかもしれません。

表紙はもちろんボロボロになりましたし、ページのあちこちに単語の訳が乱雑に書き込んであります。とても人様に見せられるものではありませんが、私にとってはよい思い出の本になっています。

当時はまだまだTOEICのスコアが670〜820の時期でしたので、そこまで飛び抜けて英語力があったわけではありません。そのため最初のほうのページでは分からない言葉を調べて内容を理解するだけでも、かなり時間をとられたように思います。この点は反省点です。いきなり小説にトライするのではなく、もっと簡単な本からはじめるか、せめて日本語版の小説と一緒に読むべきでした。

それでも内容を把握してからは、1日のべ30〜50ページほどの分量を毎日音読しました。まだまだ発声方法が未熟だったため、何度ものどが痛くなって悩まされた記憶があります。

音読を中心に勉強する場合、最初のうちはある程度小さい分量（5～10ページほど）にターゲットを絞り、そこを何度も何度も繰り返し読んでマスターすると達成感があってよいと思います。

できればネイティブなみのスピードと理解度を目指しましょう。もちろん分からない部分があれば辞書で調べて、意味を本に直接書き込んでおきます。直接書き込みをする理由は、2回目以降読むときにまた同じところでつまってしまっては効率が悪いですし、音読の最中に何度も辞書をひいていたのでは集中できなくなるからです。

小説などの場合は難しい表現が出てきますから、あまり細かい意味まで気にする必要はありません。**9割くらい理解していればOKとして、とにかく音読の量をこなしてください。**

そして読んだ回数は「正」の字で本に書き込んで達成感を味わいましょう。初級者のうちは最低でも20回は繰り返し音読したほうがよいです。

私の経験では、ＴＯＥＩＣ６７０～８２０くらいのレベルでは20回ほど繰り返し音読すれば、感情を込めてかなりスラスラ読めるようになります。なかなか上達しないからといって20回以内で諦めてしまうと大変もったいないのです。「もう上達しないかな」と思ったところから、意外と上達していくものです。

テーマはヤケクソです。とにかく英語バカになったつもりでひたすら音読を続け、考えなくても英語が出てくるようになるまで英語を体に覚えさせましょう。

Do It!

のどが嗄れるまで音読する

音読は300時間を目安とする

英語の脳ができ上がるまでにはある程度の時間がかかるものです。もともとの知識の量にもよりますが、ある程度不自由なく英会話ができるようになるまでに、おおざっぱにいって300時間は音読の練習が必要なのではないかと思います。**300時間も音読してまだ簡単な日常会話も困難なようでしたら、やり方に問題がある**と思ったほうがよいでしょう。

すぐにペラペラになりたい！　というやる気をもつことは大切ですが、言語の習得は時間がかかるものなので焦りは禁物です。熱しやすく冷めやすいという言葉がありますが、やる気がありすぎると焦りにつながり、焦りは挫折につながるものです。

どちらかといえばカラオケ感覚でなるべく楽しみながら音読を続けたほうが、長期的に最善の結果が出せると思います。日中はたくさん声を出して、脳が英語に慣れてくれるのを寝ながら待つといった感覚をもちましょう。

チーズにしてもワインにしても、熟成にはある程度時間がかかるものです。すぐに成果が出なかったとしても、「今は熟成している途中なんだ」という信念をもって、３００時間は音読を続けてみてください。

脳が慣れて熟成するのを待つ

こうすれば速読が身につく！（1）

音読でも黙読でも、英文を速く読むためのコツは、英単語を形で認識することです。中高生の頃はスペリングの試験があったために、単語のスペルには細かく気を遣わなければなりませんでした。

しかし**英語を速く読むためには、細かいスペルには注意を払わず、ぼんやりと単語の輪郭だけを見て読み取っていくことが大切**なのです。

単語の輪郭だけを見るとはどういうことなのか。それを実感していただくための英文をご用意いたしましたので、なるべく速いスピードで次ページの文を読んでみてください。

皆さんお気づきのとおり、スペルがでたらめな英文です。しかしある程度英語のできる人であれば、この英文くらいなら、多少違和感を覚えつつも15秒ほどで問題

スペルに関係なく読めるはず……

Aoccdrnig to rserearch at an Elingsh uinervtisy, it deosn't mttaer in waht oredr the ltteers in a wrod are, the olny iprmoetnt tihng is taht the frist and lsat ltteres are at the rghit pclae. The rset can be a tatol mses and you can sitll raed it wouthit a porbelm. Tihs is bcuseae we do not raed ervey lteter by istlef but the wrod as a wlohe.

（2003/9/12「David Harris'Science & Literature」のWebArchiveより抜粋）

なく読めてしまうものです。英文の内容にあるとおり、大事なのは単語の最初と最後のアルファベットが合っていることであって、**残りのスペルがごちゃごちゃでも、脳はちゃんとした単語として勝手に認識してしまう**のです（もちろん簡単な英単語に限りますが）。

しちんょうに　よみぎすている　かたは　たごんの　りかんくを　つむかと　いう　いきしを　もって　おおつざぱに　リーンィデグを　して　みて　くさだい

（慎重に読みすぎている方は、単語の輪郭をつかむという意識をもって大ざっぱにリーディングしてみてください）

英単語の輪郭だけを見る

こうすれば速読が身につく！（2）

今回は、黙読での速読についてです。

速読にはいろいろな方法があると思いますが、自分なりの方法を何か1つでも身につけることができれば、ＴＯＥＩＣや英検などの資格試験で大変頼れる武器になります。

私自身、1年間でＴＯＥＩＣ670→820にスコアを伸ばせたのは、その時期に速読の方法を身につけたことが大きく貢献したと思っています。まだまだ分からないボキャブラリーが何個もありましたが、速読法を身につけたその頃から、毎回ＴＯＥＩＣでは20分以上はつねに時間に余裕をもって問題を解き終えることができています。

速読といっても大げさな練習をする必要はありません。私が唯一実践していることは、**ペン（なければ指）で行の最初と最後の文字を「トン、トン」と一定のリズムで叩くこと。そしてその指の動きに何とか食らいつくように、目を速く動かして内容を理解しようとすること**です。

こうすることによって、「あ、この速度でも理解できるんだな」という意識が芽生えて、速く読もうとする意識を高めることができます。

ちなみに私の読むペースですが、簡単な日本語の文章であれば1秒間で1行半くらい、洋書で一般的なビジネス書であれば2〜4秒で1行くらいのペースだと思います。

ただ、今でこそこのくらいの速さで読むことができますが、実は大学に入るまでマンガ以外はほとんど本を読む習慣がありませんでした。とくに小説は大学に入学するまで人生トータルで2冊しか読んだことがなく、ハリー・ポッターの日本語版でさえ読むのに相当苦労したほどです。

ですから、「今まで本を読む習慣がなかった」という方でも心配することはありません。**最初は読むスピードが遅くても、面白い本を見つける努力をし、より速く読むコツを身につければ読書スピードは文字通り倍増させることができます。**

もちろん、じっくりと考えながら読書をすること（精読）も大事です。本来読書とは思考するために行なうものだと思いますので、含蓄のある本を1ページ30分かけて読むことも必要だと思います。

しかしながら資格試験やビジネスの現場などで、どうしても英文を速く読まなければならない機会もあります。そういった機会に備えて、速読を身につけておくことをぜひお勧めします。

指の動きに目で食らいつく

「読めるけど話せない」=「読めていない」

洋書を速く読むということを何度も強調していますが、そもそも速く読むことがいかに大事なのかという認識が、多くの学習者に欠けていると思うのです。よく耳にする「英語は読めるけど話せない」といった類の言葉に、速く読むことに対する意識の欠如が如実に表れていると思います。

「英語は読める」という人は、果たして何をもって「英語は読める」と言っているのでしょうか。

もしその人が「電子辞書を片手に何とか英文を読むことができるレベル」だとしたら、スピーキング力も「電子辞書を片手に何とか会話をすることができるレベル」であって何の不思議もありません。もっとも、会話中にそう何度も電子辞書をひくことはできないでしょうから、結果としてその人は英語が話せないということになるわけです。

「電子辞書にほとんど頼らず1ページ3分で洋書を読むことができる」といった上級者でさえ、一般的なネイティブのリーディング力と比べるとまだまだ雲泥の差があります。当然スピーキング力（内容ではなく流暢さ）もネイティブと比べれば月とスッポンでしょう。

要は、**「英語は読めるけど話せない」と思っている方は、「実はそれほど読めていない」**と理解したほうがよいということです。

そもそも一般的には、話す行為よりも読む行為のほうが難しいはずです。世界には文字をもたない言語だってたくさんあります（大多数の言語は固有の文字をもちません）。

そのようなことを考えれば、むしろ「話せるけど読めない」というケースのほうが自然で、「読めるけど話せない」というケースのほうが稀なはずだと言えるのではないでしょうか。

辞書を使ってなんとか読解ができるレベルで「読める」と納得していた人は、まだまだ受験時代の意識が抜け切れていないのだと自分に言い聞かせ、より高いレベルのリーディング力を身につけることを目標にしてください。**リーディング力がよりネイティブに近づけば、スピーキング力も必ず一皮むける**はずです。

ネイティブなみのリーディング力を目指す

Column

文法問題や熟語の勉強は必要か

まず、「文法力」と「文法問題を解く力」が似て非なるものだということを明確にしておかなければなりません。

たしかに品詞や文の切れ目といった基本的な文法の知識があると非常に役に立ちますが、受験勉強で行なう文法問題というのは、どれだけ多くの熟語を暗記しているかどうかに焦点が置かれているような気がします。

私は基本的な文法の知識は必要だと思いますが、文法問題で点を取ることが大事だとは思いません。大学受験生だった頃も予備校で配付された軽いテキスト以外に文法問題集は使いませんでしたし、塾講師になってから初めて「英頻」(『英語頻出問題総演習』上垣暁雄編著) など有名な大学受験の文法問題集に取りかかってみましたが、そのレベルの高さに驚いた記憶があります (その時点のTOEICのスコアは965でした)。それどころか、難関高校受験の文法問題でさえ分からないということもしばしばあり、ある塾の入塾テストでは、TOEIC満点を取った後でさえ85％の出来でした。

大学受験時代の模試では、文法問題（とくに熟語の問題）はいつも半分くらいしか解けませんでしたが、当時から『速読英単語』（風早寛著）などの教材でしっかりと音読の練習をしていたので、長文ではいつも満点近い点数を取れていました。英検も同様で、過去問を見てみるとやたらと難しい熟語の問題が出題されているかもしれませんが、そこはあまり深入りして対策しなくても、長文やリスニングで点を取れるようになれば合格に支障はありません。

このようなことをお話しすると、「長文で点を稼ぐタイプの人と、文法や語彙で点を稼ぐタイプの人がいるのでは」とのご指摘を受けることがありますが、そういった考え方は、目先の資格試験の合否ばかりに意識が行きすぎているのではないかと思います。

使える英語がきちんと身についていれば、かりに文法問題が苦手であっても長文やリスニング問題はできてしまうものです。

文法や語彙で点を稼ごうというのは、いわゆる受験のための英語です。使える英語を身につけたいなら、長文とリスニングの出来具合だけを気にして、文法や語彙の問題はむしろ捨てるくらいの心構えが必要だと思います。

第2章

最大限の効果をあげる教材と活用法

小説は最もレベルが高い教材の1つ

小説のリーディングに挑戦する場合、壁として立ちはだかるのがやはりボキャブラリーだと思います。日本人が日本語の小説を読んでいても難解な表現に出くわすのですから、まして英語の小説なら1行に分からない単語が何個出てきたとしても不思議ではありません。

私が大学時代に最初に手をつけた洋書はハリー・ポッターでした。TOEIC670の時代でしたが、たった1ページを読解するのに辞書を使いながら30分ほどかかったものです。頑張って100ページほど読んだところで、著者が使うボキャブラリーに慣れてきて少しずつ読むのが速くなっていきましたが、それにしても1冊を読み終えるのには大変な労力を要しました。

ちなみにTOEIC990を取ったあとでも、ピーターパンの薄いペーパーバックを1ページ読むのに一苦労した経験があります。**よくペーパーバックの表紙に〝TOEIC○○○点レベル〟というラベルが貼ってありますが、個人的にはあまり参考にはならないなと思います。**基本的に小説はすべて難しいものです。

さらに小説のもう1つの欠点は、他のジャンルと比べて同じ言い回しが多用されないということです。英語というのはもともと同じ表現の使い回しを嫌う言語なのですが（ビジネス本などであれば同じフレーズも割と多く登場します）、小説では1冊の本の中で1度しか登場しないような言い回しも多くあり、そういったものは上級者であってもなかなか覚えられるものではありません。

もちろんもともと小説好きという方は別なのですが、普段あまり活字を読まない人が、「洋書＝小説」というイメージ先行で小説に取りかかるのは考え物かと思います。

Do It! 小説は上達してからトライする

好きな作品をとことん使って勉強する

中～上級者の方で、何度でも読み返したくなるようなお気に入りの作品がある人は、それをとことん究めるのもよい作戦です。

私の場合は前述した〝About a Boy〟がそれでした。深く感動して涙するような作品ではありませんが、その代わりに何度でも楽しめる作品だと思いましたので、この1つの作品をとことん究めようと思い立ったのです。

〝About a Boy〟に関するもので私が購入した教材は次のとおりです。

・映画のDVD：日本語字幕で2～3回、英語字幕で20回以上は鑑賞しました
・映画のスクリプト（脚本）：1回通読し、あとは辞書代わりに使いました
・日本語版の小説：3回ほど通読しました

・英語版の小説：音読回数はのべ２９４２ページです
・英語版のオーディオブック：５回ほど聴きました

購入する順番としては「ＤＶＤ↓映画のスクリプト↓日本語版の小説↓英語版の小説↓オーディオブック」が最も合理的ではないかと思います。ＤＶＤをしっかりと吸収した後に、日本語の小説を読んで万全の態勢で洋書にあたれば、洋書の中に多少分からない単語があっても、ある程度は推測しながら読むことができます。

映画を鑑賞する際は、はじめは日本語字幕で気軽に楽しみ、内容が分かった時点で英語字幕に切り替えるようにしてください。

映画の内容を理解していないうちからいきなり英語字幕に挑戦しても、聞き取れる内容が少なすぎてあまり吸収できることがありません。字幕なしで映画を楽しむことを目標にしている人も多いと思いますが、まずは英語字幕で観ることに慣れてからチャレンジすることをお勧めします。ジャンルにもよりますが、いきなりの字幕なしは上級者でもつらいものです。

ちなみに映画を使って勉強する場合、1つ気になるのは英語字幕の正確さです。字幕には文字数の制限がありますので、実際のセリフより省略されていたり、別の表現に書き換えられていたりすることもあります。

勉強の障害になるほどではありませんが、もし気になるようでしたら全セリフが掲載されているDHCのDHC完全字幕シリーズを購入するか、もしくはソースネクストの「超字幕」という英語学習者用のPC教材を利用してみるのもよいかと思います。「超字幕」シリーズでは、英語と日本語の字幕を同時に見ることができる上、クリック1つで英単語の意味が簡単に調べられ、連続リピート再生、再生速度の調節など、便利な機能がついています。

さて、映画と日本語版の小説でじっくりとインプットし終えたら、いよいよリーディングへと進んでいきましょう。

洋書のリーディングに初めてトライされる人に知っておいていただきたいのは、TOEIC800〜900をもっているような人にとってさえ英語で小説を読むことは難しいということです。

映画や日本語版の小説でしっかりと内容を理解した後でも、洋書のリーディングは相当に苦労するかもしれないということを覚悟しましょう。日本語版の小説を参考にしながら、1文1文なんとか辛抱して読み進めてください。100ページほどを読み終えたあたりから次第にスムーズに読めるようになりますので、それまでの我慢です。

また、読み終わった部分からどんどん繰り返し音読の練習をしましょう。1冊読破するのを待つ必要はありません。あまり間隔を置いてしまうとせっかく理解した内容も忘れてしまいます。読解した段階で決して満足せず、読解したところの英文を覚えてしまうくらい何度も音読してください。もはや耳タコでしょうが、英語が話せるようになるには繰り返し音読することが大事なのです。

洋書のリーディングがある程度進んだら、最後の仕上げとしてオーディオブックのリスニングに取りかかります。

オーディオブックは、映画化されたくらい有名な小説であれば通販で手に入ります（洋書を購入する前に確認してください）。小説に出てくる難解な言い回しをリスニングすることは本来だと至難の技ですが、リーディングをしっかりとされた後なら心配無用です。オーディオブックの心地よい朗読を聞いて、リスニングに没頭する感覚をつかんでいただけたらと思います。

以上のような一連の勉強を終えるころには、学習時間も相当な量になっているはずです。好きこそものの上手なれという言葉どおり、好きな作品をとことん吸収することで、知らず知らずのうちに英語を身につけてしまいましょう。

お気に入りの1つの作品を究める

好きな映画を使った勉強法

とにかく映画が好きだという人は、お気に入りの映画をたくさん用意して（無人島を舞台とした『キャスト・アウェイ』のようなセリフの少ない映画はあまりお勧めしませんが…）、繰り返しリスニングの練習をしてみましょう。洋書などとセットで勉強すると効率的なのですが、今回は映画のみでの勉強方法のご紹介です。

まず、早めに英語字幕の読解を終わらせることが必要です。日本語字幕で普通に映画を観ていても残念ながらあまりリスニングの勉強にはなりません。

日本語訳の載っているスクリプトを入手すれば一番早いですが、入手できなければ英語字幕と日本語字幕を交互に切り替えながら英語字幕の意味を理解していきましょう。意訳されている場合も多いので、必ず辞書をひいて確認するようにしてください。なかなか地道な作業ですが、これによって英語字幕で映画が楽しめるようになればしめたものです。

英語字幕の読解が終われば、あとは好きなだけ映画を観るだけです。よく、ジブリ映画のセリフを暗記してしまったという人がいますが、洋画も繰り返し鑑賞しているとそのうち何となくセリフを覚えていきます。

その人の英語力や映画の難易度にもよりますが、おそらく英語字幕で10回も観れば、いよいよ字幕なしでも内容が理解できるくらい聞き取れるようになるでしょう。さらに鑑賞を続けると、映像を観なくてもリスニングだけで大体今がどのシーンなのか分かるようになります。

そして最終的にはテレビの音声を消し

て画面だけを観ても、俳優の声がリアルに聞こえてくるような不思議な感覚まで体験できるようになります。その域に達したら、もはやテレビがなくても頭の中だけで映画を再生することが可能になるでしょう。

周りからしたら相当にマニアックな勉強法ですが、やっている本人は好きな映画を観ているだけですから苦ではないのです。

Do It!

1つの映画のセリフを丸暗記する

好きな小説を使った勉強法

映画を観て笑ったり号泣したりした経験はどなたにもあると思いますが、小説でも集中して物語に入り込めば、映画と同様に泣いたり笑ったりできるものです（ただし小説はどれも難易度が高いので、上級者以外はお勧めできません）。

私は人より涙腺が弱いのかもしれませんが、洋書を読んで泣くことはしょっちゅうあります。とくにお手軽に（?）泣けるお気に入りの本は、ベストセラーの〝Chicken Soup〟シリーズです。〝Chicken Soup for the Soul〟(Jack Canfield, Mark Victor Hansen著、邦題『こころのチキンスープ』木村真理、土屋繁樹訳)、〝Chicken Soup for the Soul at Work〟（邦題『こころのチキンスープ5　自分の仕事好きですか』由布翔子訳）」など多数あります。ためになって感動する話がたくさん詰まった短編集なのですが、本当によいお話を読んだときには胸がいっぱいになって音読ができなくなることもあります。

小説で泣くためのコツは、やはり集中して物語に入り込むことです。座禅まで組む必要はありませんが、雑念をなくし、できるだけ心を静かにして読んでください。そして、**物語に合わせて興奮して読んでみたり、優しい声で読んでみたり、緩急をつけてみたりと、自分が感情移入しやすい読み方をその都度試してみる**ことが大事です（黙読の場合でも然りです）。

たとえ物語がありきたりな内容であっても、感情移入した自分の声に引っ張られて、泣きそうになるくらい感情が高まることもあります。泣く演技をするときの役者になったような感じです。

「そこまでする？」という声も聞こえてきそうですが、役者のように集中して物語を読む姿勢は大変役に立ちます。

洋書で感動して号泣する

リーディングで挫折しないとっておきの方法

前項まで主に小説を題材とした勉強方法を述べてきました。しかし何度も申し上げていますように、やはり小説のリーディングというのはレベルが高いものです。感情移入しやすいのがよい点なのですが、反面、挫折しやすいのが欠点かと思います。

その点、挫折知らずなのがこれから述べる方法です。**私が今まで長いこと勉強を続けてこられたのは、ひとえにこの単純な方法のおかげ**だと思っています。題して、「リスク分散型勉強法」。

英語の勉強も長いこと続けていると、どうしても勉強に飽きてしまったり、なかなか上達が感じられない時期が必ずあります。そんなときでも無理なく勉強を続けるためには、英語力の向上以外で必ず何かしらの目的意識をもっていることがポイントです。純粋に英語力のみを目的に勉強することは、株の投資でたとえるならば1点買いのようなもので、実はかなりハイリスクなことなのです。

私の場合、**英語力の向上はむしろ単なる副産物であるかのような意識をもってリーディングに取り組んできました。**もし英語以外に何か1つでも目的意識をもっていれば、どちらか一方がスランプに陥っても挫折する確率は単純に考えて半分になるからです。

英語以外に何か興味のある科目があれば、ネット検索で難なく好きなテーマの洋書を見つけられるでしょう。通販の検索画面で「Japanese history」や「International relationship」など興味のあるキーワードを打ち込むだけでOKです（ただし難しい学術書などはあまりお勧めしません）。ネット書店を活用すれば、よく売れている順に書籍を探すことができるのでとても便利です。このあたりのことについては次の項でも説明します。

何を読んだらいいのか分からないという人は、現在の仕事の課題、悩み、コンプレックスや短所（＝改善点）などについて考えてみるのがてっとり早いかと思います。誰にでも1つや2つ、悩みごとはあるものだからです。

たとえば恋愛関係についての悩みがあれば、〝MARS and VENUS〟シリーズ（John Gray著、邦題『男は火星人　女は金星人』）や〝Why Men Don't Listen and Women Can't Read Maps〟（Allan Pease, Barbara Pease著、邦題『話を聞かない男　地図が読めない女』）をはじめとした恋愛に関する有名な本を読むと面白いと思います。

こういった本は英語の難易度もあまり高くないので、初級者でもとっつきやすいのが特徴です。日本語版ではちょっと買うのがためらわれるような本でも、洋書でしたら周りの人にバレることが少ない（？）ので、どこでも気にすることなく読むことができます。

友達関係や職場関係についてであれば、〝How to Win Friends & Influence People〟（Dale Carnegie著、邦題『人を動かす』）などの著名な書籍はとてもお勧めです。営業職の方は読んでおいて損はないでしょう。スピーチに苦手意識のある人には〝How to Talk to Anyone, Anytime, Anywhere〟（Larry King, Bill Gilbert

著、邦題『CNNラリー・キングの話し上手のコツ』)、ワークライフバランスが取れていないという方には〝Stop Living Your Job, Start Living Your Life〟(Andrea Molloy著)、就職活動中の学生や転職で悩んでいる方には〝What Color Is Your Parachute?〟(Richard N. Bolles著、邦題『あなたのパラシュートは何色?』)といった本がお勧めです。

その他、ダイエットや禁酒・禁煙など、自分に興味のあるテーマを考えて、ネットでよく売れている本を購入してみてください。

具体的にどんなテーマの本がよいか分

からないけれど、せっかく洋書で勉強するなら自分のプラスになるものを読みたいという人は、かたっぱしから有名なSelf-help（自己啓発）の本を読んでいくのもよいでしょう。基本的にこのジャンルの洋書は使われている英語がやさしいですし（ただし古典のものは少しレベルが上がります）、そもそも読者にやる気を出させるように書かれてありますので読み続けるのも楽です。英語の勉強に利用しない手はありません。

次ページに有名な自己啓発の洋書をいくつか挙げておきます。参考にしてください。

Do It!

洋書で人生相談をする

自己啓発の本は読む気・やる気が湧いてくる！

"Napoleon Hill's A Year of Growing Rich"（Napoleon Hill著、邦題『さぁ！　今日から成功しよう』）

"Think and Grow Rich"（Napoleon Hill著、邦題『思考は現実化する』）　※やや難

"How to Stop Worrying and Start Living"（Dale Carnegie著、邦題『道は開ける』）

"The 7 Habits of Highly Effective People"（Stephen R. Covey著、邦題『７つの習慣』）

"The Success Principles"（Jack Canfield著、邦題『絶対に成功を呼ぶ25の法則』）

"NLP The New Technology of Achievement"（Steve Andreas＆Charles Faulkner著）

"Awaken the Giant Within"（Anthony Robbins著、邦題『一瞬で「自分の夢」を実現する法』）

"Change Your Life in 7 Days"（Paul McKenna著、邦題『７日間で人生を変えよう』）

英語で生涯学習をしよう

前項の続きになりますが、「学校に通って学びたい」とまではいかなくても、**かじる程度に学んでおきたい学問があれば英語で学ぶよいチャンス**です。例を挙げていくと本当にキリがないですが、外国の文学、世界の偉人、政治、歴史、宗教、哲学、心理、倫理、経済、経営、建築、科学、環境、観光、文化、音楽、食、美容、健康、スポーツ……学べることは無数に存在します。

お勧めは〝The Complete Idiot's Guide〟シリーズや〝A Very Short Introduction〟シリーズです。どちらもいろいろなジャンルの学問がすべて初心者向けに書かれていますので、初めてでまったく知識がなくても安心して活用することができます。

私の場合はチーズ売り場で働いていた経験があり、チーズが大好きでもっと深く学んでみたかったので、The Complete Idiot's Guideのチーズの本を購入して勉強しました。また、心理学や哲学、国際関係などにも多少の興味があり、これらも基礎的なことをこのシリーズで勉強しました。

難しいテーマの学問を勉強する場合は、日本語で読んでいても挫折するかもしれないわけですから、かりに3日坊主になっても一向に気にする必要はありません。

むしろ3日間でも洋書で勉強ができたのだから儲けものと考えて、いろいろな本に手を出すようにしてください。3日坊主も100回繰り返せば1年です。

3日坊主を気にせずいろいろと手を出す

「外国人お勧めの英語勉強法」を読む

さらに身近な例でいえば、やはり「外国語の学び方」というのは皆さんにとって興味のあるテーマだと思います。

外国語の学習方法について書かれた洋書も当然たくさんあります。いくつか例を挙げますと…

Why You Need a Foreign Language（Edward Trimnell著）
How to Learn Any Language（Barry Farber著）
Language Hungry（Tim Murphey著）

などがお勧めです。

私は言語学、とくに第二言語習得（ＳＬＡ）に興味がありましたので、その手の洋書もたくさん読みました。ただ、そのような学術的な本だと実践的な部分にはなかなか話が発展しませんので、日々の学習に応用できることはあまり多くないかもしれません。第二言語習得に興味のある人は、まずは〝How Languages are Learned〟から読みはじめるのがいいと思います。初学者向けに書かれていて、とても分かりやすいです。

ちなみに、英語の先生になりたい人には、以下の本をお勧めします（英語教育というより、教育一般について書かれています）。〝The Art of Teaching〟（Gilbert Highet著）は相当古い本ですが、読んでおいて損はない良書です。加えて〝THE ESSENTIAL 55〟（Ron Clark著）は小学校の先生向け。〝Chicken Soup for the TEACHER'S Soul〟（Jack Canfield, Mark Victor Hansen著）は感動するお話が満載です。

Do It!

洋書で英語の勉強方法を学ぶ

洋書の購入は「数打てば当たる」戦法で

何かものを学ぶというのは、多少なりともお金がかかるものです。洋書というと少し割高なイメージもありますが（実際、邦書の文庫本などと比べたら相当に高いのですが）、それでも**英会話学校の1コマ分程度の料金で1冊が購入できるのだと考えれば、断然お得**です。

また、洋書に限らず本には必ず当たり外れがあります。ですので、洋書を売っている本屋で立ち読みをしたり、ネット検索をしたりして（ネット通販でも〝立ち読み〟できる場合があります）ちょっとでも興味が湧いたのであれば惜しまずに購入するべきだと思います。**これだ！　と思ったものを購入して、3冊に1冊でも当たりがあれば十分投資した価値はあります。**

もし購入した洋書があまり面白くないなと感じたら、すぐに読むのを止めてしま

ってけっこうです。洋書代分の元を取ろうと頑張っても、興味を失ってしまっては
あまり得られるものはありません。

もし本に飽きてしまったとしたら、それはあなたが悪いのではなくて、あなたが選んだ本が間違っていたのだと考えましょう。読む気の失せる本は実際に世の中にたくさんあります。気にせずどんどん次の洋書に移って、興味のもてる本で勉強するべきです。

洋書を購入する際にお勧めなのは、いろいろな分野の本を何冊かいっぺんに購入してストックしておくことです。1冊目の本に飽きてしまってもすぐ次の洋書に移ることができますので、やる気を持続させることができます。だいたい5冊くらいの洋書を回し読みすると、挫折するリスクも大分軽減するでしょう。

ちなみに今現在、私の部屋には110冊の洋書があります。数ページしか読まずに捨ててしまったり、友達にあげたり売ってしまったりした洋書もありますので、それらをすべて換算するとおそらく今までで30万円くらいは洋書に投資している計算になるかと思います。

30万円というとかなり大金のような気がしますが、一般的な私立大学の授業ならたったの半年分です。7年間という長いスパンで勉強していますから、実は1日あたり缶ジュース1本分程度の投資で済んでいるわけです。それだけでいろいろな本が読めてたくさん知識も増えましたし、英語が話せるようになったおかげで、塾講師の仕事、英会話サークルの活動、外国人との交流など公私ともに充実するようになりました。

しっかりと勉強すればいずれ十分過ぎるほどに元は取れますから、洋書代だけは本当に惜しまずに投資してほしいと思います。

洋書はいくら買っても元が取れる

Column

「読書が苦手」は先入観

ハンディキャップがあって本が読めないといった方は別ですが、多くの場合、「読書が苦手」というのは先入観でそう思い込んでいるだけではないかと思います。

活字が嫌いという人でも携帯のメールなどで毎日かなりの量の活字に目を通しているハズです。もし友人が本を出版したら買って読んでみたいと思うでしょうし、好きな芸能人や映画スター、憧れのスポーツ選手などが書いた本ならば、ちらっとでも読んでみたいと思うのではないでしょうか。

要は**「読書が苦手」というのは、興味がもてる本を見つけようとしていない、または探し方が分からないだけ**なのです。興味がもてる本さえ見つかれば必ず読書は好きになります。まずは自分の好きな有名人が書いた本を探すところからはじめてみましょう。

変な例え話をしますが、皆さんは学生のころ、クラスに好きなタイプの人はどれくらいいいたでしょうか？　かりに1～2人だとしたら、10～20人に1人という確率になりますね。

本を探すときも、それくらいの割合で好きな本が見つかればいいと考えて気長に探すようにしてください。パラパラとページをめくってみて、何となく好きじゃないと思ったらすぐ次の本にあたればいいのです。

よく「女（男）なんて星の数ほどいるよ」と言いますが、それと同じで本なんて星の数ほどあるのです。気長に探してみましょう。

「洋書の合間に読む洋書」で気分を変える

洋書を読んでいて疲れたときでも、テーマの違う洋書を手にしてみると意外とまた新鮮な気持ちで元気に読めてしまうものです。おそらく人間の脳は疲労を感じたときでも、脳のある一部分が飽きてしまっているだけで、本当はまだまだ新鮮な知識を欲しているのではないかと思います。

私は脳が疲れを感じたときでも効率よくリーディングを続けるために、つねに何種類かのテーマの本を回し読みするようにしています。以前は外出時でも、リーディングで飽きることがないようにと5～6冊の本を携帯していました。知り合いから英語の勉強方法を尋ねられたときに、おもむろにそれらの本を見せて驚かれたことが何回もあります。

たくさんの本を持ち歩くのは大変ですが、最近ではアマゾンのキンドル（Kindle）などの電子書籍端末をもっていれば、ハードカバー1冊ほどの重さの端末に何百冊もの本のデータを入れておくことができます。液晶画面と違って、電子ペーパーは本当に紙の本と同じ感覚で読めますし、通販と違って欲しい本をすぐにダウンロードできるのが魅力です。

そして**持ち歩く本の中に必ず1冊は、気分転換用に堅くないテーマの本をまぜておく**ようにしました。たとえばジョークの本、雑学の本、占いやスポーツなどの趣味に関する本などです。大人の方ならポルノ本などでもいいでしょう。『中学英語でアメリカン・ポルノが読める』（中村康治著）という参考書もあります。

また、メトロポリス（METROPOLIS）という外国人向けの英文フリーペーパーも面白いです。レストラン・クラブ・バー・カフェなどのショップ情報、イベント・音楽・映画の情報などに加え、物の売り買い情報から恋人募集欄まであり、種種雑多な英語を学べる面白い雑誌です。大手の書店などに置いてありますので、詳しくはホームページをご覧ください（http://www.metropolis.co.jp/）。

要は真剣なテーマの本ばかりを読むのではなく、読んでいて息抜きができるような本をもっているといいのです（本だけでなく、外国人のブログやツイッターの記事でも構いません）。**難しい本を頑張って読み進めて、少し疲れたらジョークの本で一息置いて、また難しい本に戻るといったサイクルができれば完璧**です。

洋書を少しでも長く読み続けられるよう工夫しましょう。語学の達人というのは、例外なく読書家であるというのが私の印象ですし、真実だと思います。

「おかしな洋書」も買っておく

「1日100ページ」が必ず続けられる方法

読書に苦手意識がある方にとっては、毎日大量に洋書を読むなんて難しいことと思われるかもしれません。

洋書に慣れていない人が大量のリーディングをこなす一番のコツは、すでに読んだ部分を繰り返し音読していくことに尽きると思います。繰り返し、というとなんだか面倒臭い気がしてしまいますが、繰り返しだからこそ大量の音読をこなすことが可能なのです。

もし私が新たに外国語を学ぶことになったら、初期の段階でも毎日100ページ分は音読をすると思います。新しい音や新しい構造に慣れるためにも大量に音読をすることが最適だと思うからです。

毎日100ページといっても、NHKテキストなどの対訳つきの簡単な教材を使い、毎日2ページだけ精読してあとは50回繰り返し音読するといった感じで行ないます。それならほとんど辞書をひく手間もいりませんし、通勤や通学、入浴の時間などを使って2時間ほどでできると思います（後半はおそらく暗唱できるようになっていますので、どんな場所でもできます）。その日の分を切り取ってポケットに入れておけば、どんなすきま時間でも有効に活用できます。

初級者でもこういった方法でしたら毎日１００ページの音読を続けられ、効率よく言語を身につけることができます。

「2×50」で洋書を毎日100ページ読む

とにかく緊急にしゃべれるようになる方法

とにかく緊急に基本的な英会話力を身につけたいという人には、**中1～2レベルの洋書を繰り返し速音読する**ことを強くお勧めします。

あまりしゃべれない人に限って簡単な洋書を甘く見ていることが多い気がします。中1～2レベルだからといって決して侮ってはいけません。流暢に速く音読しようとすれば初～中級者にはなかなか難易度の高いトレーニングになります。

私が中1～2レベルの洋書の速音読に目をつけたのは、大学2年生のときでした。大学受験時代に英文にスラッシュをつけて「返り読み」をする癖がついてしまっていたので（それはそれで大学受験時には大いに役立ちましたが）、それを払拭するための方法を探していたところ、この方法にたどり着いたのです。

当時の同級生からは、「いまさら中学レベルの英語なんて、やらなくたって分かるじゃん」と言われたものですが、「分かる」からといってそれを「使いこなせる」とは限りません。分かるレベルと使いこなせるレベルでは相当な差があります。中学英語といっても、ネイティブなみに使いこなせる学習者など皆無に近いのではないでしょうか（もちろん私も無理です）。**英語を学んでいる以上、永遠に中学レベルの英語との格闘**だといっても過言でないのです。

では、具体的に中1～2レベルとはどのくらいなのでしょうか。次ページに中学1年生の教科書である『SUNSHINE ENGLISH COURSE』（開隆堂出版）の本文の一部を載せておきますので、ご覧ください。

わずかな文章中に、現在進行形の文が3つ盛り込まれていて、実践的な会話文の形にまとまっています。中1レベルとはいえ、このレベルの会話がネイティブなみにすらすらと出てくる人は大学生でも多くないと思います。

当時の私はとにかくこのレベルの簡単な洋書（「Penguin Readers」や「OXFORD

使いこなせるレベルまで吸収する

A Busy and Happy Morning

（ある家庭の日曜日の朝です。電話が鳴っています）

Mother : Sam, can you answer the telephone?

Son : Sorry, I can't. I'm busy now. I'm writing an e-mail message.

Mother : Meg, answer the telephone, please.

Daughter : I'm talking on my cellphone.

Mother : Jim, please answer the telephone.

Father : I'm sorry, but I can't. I'm washing Victor right now.

Mother : Oh, my!

（『SUNSHINE ENGLISH COURSE』開隆堂出版より）

Bookworms」、「ラダーシリーズ」などで1番レベルの低いものです）をひたすら速音読していきました。**そしてその結果、英語を英語の語順で頭から訳さずに理解するコツを短期間でつかむことができました。**このレベルの洋書はページ数が少ないので、簡単に1日1冊読むことができて自信にもつながりました。

具体的にどのような本があるかというと、たとえば「ラダーシリーズ」のレベル1（英検4級レベル）ですと、『トム・ソーヤの冒険』『イソップ物語』『グリム傑作童話集』『走れメロス』『美女と野獣』『日本昔話（桃太郎、金太郎、一休さんなど）』といった話が簡単な英語で楽しめます。

中1～2レベルの洋書をひたすら速音読していると、「あ、この速度でも理解できるんだな」と気づくときがあります。その感覚が体験できるようにぜひ頑張ってください。読むスピードが伸びればそれだけ効率的に英語がインプットできるようになりますし、話す力も自然についていきます。

それに**中1～2レベルの文章といっても、1ページ1ページを完璧に吸収して自分のモノにしていく作業はやりごたえと達成感があります。簡単な文章をいかにネ**

イティブに近い感覚で音読できるか意識しながら練習してください。

よく「昔の受験生は覚えたページを食べた」などと言いますが、私も一時期、自分が音読し尽したページを破り捨てていました。勉強の進み具合が目に見えて確認できますし、捨てたページの分成長できているような気がして気持ちがよいものです。

中1～2レベルの洋書を1日1冊読む

Column

できる人ほど簡単な教材を使っている

ある日のことですが、英会話サークルで知り合った方と街中でばったりお会いすることがありました。その方は数年前にTOEIC900点半ばを取った実力者でしたが、手には懐かしの中学英語の教科書『SUNSHINE ENGLISH COURSE』をもっていました。

思わず「英語を教えられるんですか？」と聞いたら、「いえ、勉強し直そうと思いまして」とのお返事。

これには大変驚きました。できる人ほど意外と簡単な教材を使っていることが多い、というのは前々から感じていたことだったのですが、TOEIC900点中盤レベルの上級者が中学英語の教科書を購入するというのは、よほど謙虚でなければできないことだと思います（ちなみにその方は他にも『NEW

CROWN』（三省堂）や『NEW HORIZON』（東京書籍）の教科書も購入して、合計9冊の中学教科書で音読の練習をしたそうです）。

その方のミクシィの記事を引用させてもらいます。

「中学英語の教科書を読んでいてよく思うのですが、教科書に載っている会話文を労せずスラスラ話せたら、立派な英語上級者だと思います。高校の教科書でも音読練習をしていますが、『実際に使うかどうか』という現実的な視点で考えると、中学の教科書に軍配が上がると思います。

（中略）

中学の英語の教科書は一律一冊292円（税込）なので、NHKの英語講座と並んで、コストパフォーマンスが良いです」

私も中高生に学校の教科書で英語を教えていますが、**日常会話を学ぶ上ではやはり中学の教科書に軍配が上がる**と思います。「学校英語」ということで批判の的になることもありますが、**中学の教科書には基礎的な単語、必要な文法**

が散りばめられていますし、実践的な会話文も多くて完成度は高いと思っています。

ちなみに中学校の教科書はアマゾンなどでは手に入りません（教科書ガイドは買えます）。中学校の教科書を手に入れるには、「全国教科書供給協会」という社団法人のホームページをご覧いただき、教科書を取り扱っているお店を検索してみてください。

先ほどの方はその後、すぐにTOEIC990を達成され、そのときの日記では次のように述べています。

「思えば、英会話サークルで参加者の皆さんからいろいろ学べたことと、中学の英語テキスト『サンシャイン』をひたすら音読したことが、結果に結びついたのだと思います」

ことさらに中学英語が大事なのだと再確認させられた出来事でした。

第3章

リスニング力が飛躍的に伸びる音読のコツ

口を開けないシャドーイング

第1章で、リスニング力をつける土台としての音読の必要性について述べました。とはいえ、「音読をしてください」と言われても、英語の音に不慣れな人が音読をすると、どうしても平坦なしゃべり方になってしまうことが多いと思います。抑揚に乏しく、まるで国語嫌いの小学生が授業中に先生に当てられて仕方なく教科書を棒読みしているような口調になってしまいます。

英語の音が身についていないと、聞き手に大きな負担を与えてしまうだけでなく、自分自身のリスニング力にも悪い影響を与えます。英語の発音（とくにリズムとイントネーション）が悪い人はリスニングも苦手な場合が多いようです。

しかし逆にいえば、**音読の発音が上手になれば、リスニングで聞き取れる範囲もそれに比例して広がる**のです。もちろんスピーキングでの発音も上達していくことはいうまでもありません。

そこで、音読の発音を向上させるために私がお勧めする方法は、見出しにあるとおり、口を閉じたままシャドーイングするというものです。

シャドーイングとは、聞き取った英語を即座にマネて口に出す練習で、影（シャドー）のように英語についていくことから名づけられた方法です。普通は口を開けてシャドーイングをするのですが、私が提唱するこの方法は、**口を開けない**というのがミソです。

そもそも、ある程度英語力のある方でない限り、シャドーイングでネイティブの英語についていくのはとても困難なことです。何とか聞き取れた単語をブツッ、ブツッと途切れ途切れにまねてみても、英語の音（とくにリズムとイントネーション）を会得するには遠く至らないことでしょう。

そこで、あえて口を閉じてみることによって、単語が聞き取れたかどうかに一切こだわることなく、**英語のリズムとイントネーションのみに完全に集中してしまう**

わけです。意味がまったく理解できなくても、ハミングの要領で英語の音についていければOKです。

ある程度シャドーイングを行なったら、**間髪を入れずに**（重要です！）音読に移ってみてください。耳の中にまだ残っている英語のリズム、イントネーションにできるだけ近づけるように意識して速音読し、スピードと表現力の向上に努めましょう。

方言をずっと聞いていると、いつの間にか訛りがうつってしまうように、ハミングのシャドーイングを続けていると、いつの間にか英語独特のイントネーションが身につきます。

Do It!

ハミングで英語の音に慣れる

「ある日突然英語が聞き取れるようになる」はウソ!?

よく、「英語を聞き続けていると、ある日突然英語が聞き取れるようになる瞬間がある」と耳にします。しかし残念ながら、私にはそのような瞬間は訪れませんでした。これについてはかなり個人差があると思いますので（「ある日突然」を経験したという知人も何人かいます）、ご参考程度に読んでいただけたらと思います。

私としては「ある日突然」という経験ではなく、音読とリスニングを交互に行なうなどの勉強の工夫を発見しながら、少しずつ聞こえるようになっていったというのが実感です。

音読とリスニングを交互にやり続けたことによって、「音読しているように聞く」という感覚が日に日に増し、リスニングが少しずつ楽になっていきました。ですから、リスニングに関しては驚くほど急激に伸びたという体験はありませんし、TOEICのリスニングのスコアにしても着実に少しずつ伸びていきました。

私の推測ですが、「ある日突然英語が聞こえるようになった」という人は、学校での勉強などを通じてリスニング以外の技能（とくに語彙力）がもともとかなり高い水準にあったのか、もしくは、あるレベルに達すると「突然英語が聞こえるようになった」と脳が感じてしまうだけで、実際のＴＯＥＩＣのスコアはさほど急激には伸びていないということも考えられます（推測に過ぎません。念のため）。

真相がどうであれ、**一番怖いのは「ある日突然」ということだけを頼りに、散漫とした気持ちでリスニングを続けていくこと**です。

「ある日突然」はもしかしたら訪れないかもしれません。そのことを肝に銘じて、音読やディクテーションなどの地道な勉強で着実にリスニング力を伸ばすという意識をもっていたほうが無難です。もちろんその上で、「ある日突然」が訪れたら大変ラッキーなことです。

Do It!

「ある日突然」を当てにしない

リスニング教材の選び方と活用法

リスニング教材は自分のレベルに合ったものを選ぶことが大事です。具体的にいえば、**話されている英語のスピードではなくて、使われている単語のレベルが自分にとってやさしいかどうかを重視してください。**リスニングは音を吸収するのが主な目的なのに、知らない単語がたくさんあるようでは音に集中することができないからです（知らない単語はなかなか聞き取れません）。

リスニング教材としてパッと思いつくものといえば、やはりＣＮＮ、ＢＢＣ、ＶＯＡなどの報道番組やＡＦＮ（米軍向けのラジオ放送）、または洋画や洋楽などではないかと思います。個人的にはオーディオブックやポッドキャストもお勧めです。それぞれ一長一短がありますのでどれが一番ということはありませんが、自分のレベルに合ったもので興味が湧くものを選ぶことが大事です。以下に各教材の特徴を述べていきます。

報道番組のよいところは、英語を身につけながら時事知識も身につくということです。しかしこれは、**あらかじめある程度の予備知識がある人でないと飽きやすい**と思います。

報道という性質上、英語も日常会話よりやや難しく硬い表現が多いのも要注意です。上級者でない限り、スクリプト（原稿）を読みながらリスニングをするのが無難かと思います。スクリプトがない音源だと、NHKテレビ（1ch）の夜7時と夜9時のニュースなどで英語の副音声を聞くことができます。NHKラジオの英語ニュースもよいのですが、テレビだと映像もありますので、より理解しやすいと思います。ちなみにYouTubeで政治家のスピーチなどを聞くという手もありますが、字幕がない場合が多いので、やはり上級者でない限りは厳しいでしょう。

洋画については第2章「好きな映画を使った勉強方法」の項（97ページ）で詳しく説明しましたが、洋画好きな人にとっては英語を身近に感じる最適の教材でしょう。難しい表現やスラングが出てきたり、訛りがあったりなど、いろいろと学習の障害もありますが、好きこそものの上手なれでどんどん活用していってほしいと思います。どちらかというと映画よりも海外ドラマシリーズのほうが、標準的な英語が使われていることが多いためか、リスニングがしやすいという印象もあります。

洋楽に関しては、リスニング力を鍛えるためというよりも語彙を増やすために活用したほうがよいと思います。

日本語の歌でさえ歌詞カードを見ないとよく聞き取れないものが多いのですから、洋楽のリスニングを完璧にするのはほぼ不可能に近いと個人的には思います。一方で、「洋楽を100曲覚えて日常会話をマスターした」という人もいるようですので、娯楽を兼ねて挑戦してみるのもいいでしょう。

AFN（American Forces Network）は、以前はFEN（Far East Network）と呼ばれていたラジオ番組で、AM810で聴くことができます（関東では、アメリカの国鳥ハクトウワシから、Eagle 810という愛称で呼ばれています）。相当な上級者でないと聞き取るのは難しいのですが、いろいろと面白い番組がありますので、一度インターネットやラジオ欄でチェックして気になる番組を聞いてみるとよいかと思います。

ちなみに私のお勧めは、早朝にやっている〝Talk of the Nation〟というディスカッション番組です（ＮＰＲ＝National Public Radioからポッドキャストでも配信されています）。英語だけでなく時事的な知識やサイエンスなどの雑学、アメリカ文化なども学べます。また、大学時代はDr.ローラという方の人生相談番組を録音して、繰り返し聞いていました。日本ではなかなかないスーパー辛口コメントが多く、半分くらいしか聞き取れないながらも面白かったです。

オーディオブックについては次の項で詳しく説明します。簡単にいえば「本を聞く」ためのＣＤやテープなどのことで、図書館に置いてある目の不自由な方のための朗読テープなどが該当します。オーディオブックは基本的に聞き取りやすいものが多いですし、洋書と並行して勉強できるところがポイントです。

ポッドキャストについても、その次の項で詳しく説明します。インターネットさえあれば簡単に利用できる便利なツールですので、ぜひとも活用していただきたいと思います。

Do It!

リスニング教材はやさしいものから

オーディオブックでプロの音読を聞く

この項では、前述したオーディオブックについて詳しく説明します。欧米には、ネイティブの中でも音読のプロフェッショナルが吹き込みをしているCDなどが数多くあります。主として、目が見えない、もしくは文字が読めないといった方々のために作られているもので、ネット通販などで容易に手に入れることができます。

こういった**プロの音読をリスニング教材として活用してみることは、リスニング力と音読力を並行して伸ばすのに大変適した方法**といえます。また、音読とは違いますが、大統領の演説なども、自分の音読力を鍛えるために役立つ教材ですので、一緒にご紹介します。

オーディオブックにはいろいろなものがありますが、次の3つのタイプに分けて説明します。自分の好みや目的に合わせて、いろいろとチャレンジしてみてください。

(1)物語の朗読

〝Harry Potter〟(J. K. Rowling)、〝Star Wars〟(George Lucas) シリーズなど

(2)実用書の朗読

〝Who Moved My Cheese?〟(Spencer Johnson、邦題『チーズはどこへ消えた?』)

〝Make Yourself Unforgettable〟(Dale Carnegie)

〝The Power of Full Engagement〟(Jim Loehr & Tony Schwartz)

(3)セミナーや演説等を録音したもの

〝Unlimited Power〟(Anthony Robbins、邦題『一瞬で自分を変える法』)

『感動する英語!』(近江誠著)

『100万語聴破CDシリーズ 特別巻 歴代アメリカ大統領ベスト・スピーチ集』

(CNN English Express編集部編)

「物語の朗読」は、プロの技を最も堪能できる教材です。声優はなんと声だけで5役も6役も完璧に演じ分け、その技術の高さは思わず脱帽してしまうほどです。**ホ**

レボレと聞き入ってしまうほど上手に朗読されていますので、飽きることなくリスニングをすることができると思います。

ただ、物語という性質上どうしても難解な表現が多いのが欠点といえます。いきなり内容を理解するのは不可能と考え、原作を読んでみたり映画を観てみたりして事前に内容をつかんでおくとよいでしょう。

「実用書の朗読」は、本の著者自身が吹き込みをしていることが多いので、ある種の緊張感をもって聞くことができます。プロの音読に比べるとやはり抑揚には欠けますが、**ビジネスマンにとっては英語の学習と自己啓発との相乗効果が期待できる**のでお勧めです。物語に比べればあまり難解な表現はありませんが、不安な方はあらかじめ洋書で内容を理解してからリスニングに臨むとよいかと思います。ただし、映像を頭に思い描いて楽しめる物語とは違い、抽象的な話になることが多いので、個人的には集中するのがやや難しいという印象があります。

ちなみに「物語の朗読」も「実用書の朗読」も、原作を簡略化して録音されたものが多いので、全文吹き込まれているものが欲しい場合には、〝unabridged〟（省略していない）と表記されているものを探してみてください。『ハリー・ポッター』や『7つの習慣』などで見つけることができます。

最後に「セミナーや演説等を録音したもの」ですが、なんといっても臨場感があるのが特徴です。とくに大統領などの演説は、スピードも丁度よく、意外とビジネスの現場でも使えそうな表現も盛り込まれています（個人的にはキング牧師の有名な〝I Have a Dream〟の演説が好きです。『感動する英語！』で聞くことができます）。ところどころ雑音が入るので、聞き取りが難しい箇所もありますが、学習の支障にはなりません。

ちなみに、audible.comというサイトに登録をすると、好きなオーディオブックを割安でダウンロードできますので、オーディオブックを中心に勉強をしてみようという人にお勧めです。

Do It!

プロの音読に感動して聞き入る

「飽きずに続けられる」ポッドキャスト

ポッドキャストは非常に便利なツールです。自分のレベルや興味に合った番組さえ見つけることができれば、あとは定期的に新しいものをダウンロードして聞けますので、**飽きずに続けるという点では文句なし**です。パソコンでiTunesをダウンロードすれば（無料でできます）、iTunes Storeで簡単に欲しい番組を検索できます。ちなみに有料のものと無料のものがありますが、無料の番組がよければ「英語　無料」で検索をかけてください。

私はよくＢＢＣやＮＰＲの番組をウェブでダウンロードして聞くようにしています。ある程度リスニングに自信がある人には、ＢＢＣの〝World Have Your Say〟やＮＰＲの〝Talk of the Nation〟がお勧めです。とくに前者のディスカッション番組では、世界各国の人たちの意見を聞けるので世界観が広がりますし、ノンネイティブの英語を聞くよい練習にもなります。

あまりリスニングに自信のない人には、以下の番組がお勧めです。

English as a Second Language Podcast

Grammar Challenge

6 Minute English

また、NHKの英語ニュースなども内容が身近な分、理解しやすいかと思います。その他〝TOEIC presents English Upgrader〟や〝smart.fm〟(http://smart.fm/)などの番組も人気です。

ポッドキャストの番組はどんどん新しいものが出てきますので、定期的にチェックしてみると、自分に合った番組と巡り合えるかもしれません。

Do It! 最新・無料の教材をポッドキャストでゲットする

リスニングは「好きな声」からはじめる

単語には「覚えやすい単語、なかなか覚えられない単語」というものがあると思いますが、同様にリスニングにも「聞き取りやすい声、なかなか聞き取れない声」というものがあるようです。単純にスピードが速い・遅いとか、声が大きい・小さいといった要素だけではなく、なにか生理的な好き嫌いが関係しているような気がします。

あまり好きではない声は無意識のうちに集中力が落ちてしまうので聞き取りにくく、逆に心地のよい声は自然と集中してしまって聞き取りやすく感じるようです。

好きこそものの上手なれといいますが、このような声の好き嫌いもなかなか侮れません（外国人の恋人ができると急に外国語が上達するのも、やはり好きという感情のなせる業ではないかと思います）。

私が今までで一番印象に残っている声は、作家のスティーブン・キングです。ラリー・キングのインタビュー特集で聞いたのですが、リスニング力の乏しかった大学2年生当時の私にも聞き取りやすく、心地のよいイントネーションがいつまでも耳に残って、何度もまねしようとしたのを覚えています。

もちろん最終的にはどんな人の英語でも聞き取れるようにならなければなりませんが、**ある程度のレベルに達するまではリスニングのパートナーを好きな相手に固定する**のもよい戦略だと思います。

リスニングの相手を固定してしまうことで、別の人のリスニングに多少の得手・不得手は生じるかもしれませんが、リスニングが好きになる&集中して継続できるというメリットには計り知れないものがあります。

好きな相手の声フェチになる

リスニングの定期検診をしよう

リスニングの勉強において最も恐ろしいことは、あまり効果が上がっていない場合でも何となく頑張った感が得られてしまうことにあります。

「少なくとも何もやらないよりは前進しているはず」といった安易な考え方はとても危険です。

前述しましたが、私のように1000時間以上もリスニングをしておきながら「あれ？　こんなに頑張ったのにリスニング力あまり伸びてないよ…」といった経験をどうか皆さんにはしないでほしいのです。

そこで、定期的にリスニングの健康診断を行なうことをお勧めします。実践されたことのある方も多いかと思いますが、〝ディクテーション〟（書き取り）という方法が最適です。

このディクテーションと前述のシャドーイングは、英語学習者の中では広く知られた方法なのですが、どちらかというとディクテーションのほうは敬遠されがちな気がします。リスニングした英語をノートに書き取って自己採点までしなければいけないといった手間があるので、面倒くさがられる傾向が強いようです。

しかしながら、**ディクテーションをしてみると自分の苦手な発音がすぐに分かりますので、毎回のように有益な発見がある**ものです。

私の場合は〝he〟などの〝h〟の音が脱落する現象（ヒーではなく、イのように聞こえる）がいつも苦手でした。また、〝bitter〟と〝better〟のように1つの音素だけが異なる単語の組み合わせや、〝foe〟など普段あまり使わない言葉を〝full〟と聞き間違えたりしたものです。

日常の会話やTOEIC等の試験問題では、大まかな内容さえ理解できていれば大コケすることはありません。そのため、**実際には小さな聞き間違いをたくさんしていることに意外と気がつかない**ものです。

これは初級者のみならず上級者にもいえることで、とくにリスニング力に自信がついた時期にディクテーションをやってみると、小さな聞き間違いを驚くほどたくさんしていることが判明して、天狗になっていた自分に喝を入れることができます。

もしリスニングを主体として勉強するのであれば、定期的なディクテーションは必ずやったほうがよいと思います。身体の病気も早期発見が肝心なのと同様に、苦手な音の発見も早期であればあるほどよいからです。もちろん放っておいてもガンにはなりませんが、苦手な音が多ければ多いほど集中の妨げになります。

ディクテーションをすることで、「自分はどの音が苦手で、どの音を聞き取れるようになりたいのか」ということをハッキリさせておくだけでも、リスニング力の伸び方が違ってくるはずです。

苦手な音を早期発見する

リスニングに集中するコツ

「英語は聞き続ければそのうち慣れる」と信じて疑わなかった大学1年生のころは、CNNやAFNを中心に毎日3～5時間はリスニングの練習をしていました。出かけるときは必ずヘッドフォンをつけることを習慣にしていました。

結局1年間毎日欠かさず続けてもたいした効果がなかったので、それからは音読中心の勉強に切り替えてリスニング力を伸ばしていったのですが、そのときに発見したリスニングで集中するためのコツがいくつかあります。

まず、**なるべく歩きながら聞く**ことです。家や学校などでくつろぎながら聞いていると、そのうち居眠りに近い状態になってしまうからです。私は毎日の通学中に加えて、明け方や夜中にも、リスニングをするために散歩に出かけました。歩くと血行もよくなるので、脳に血が回って頭が働きます。

次に、**話者のテンポに合わせて歩くテンポを変える**こと。私はリスニング中にまったく別のことを考えている時間が意外と多かったので、そういった雑念をなくすために、なるべく話者と同調してリスニングに集中していました。耳だけでなく体全体でリスニングするといった感じです。

それでもどうしても集中できないときには、口パクでシャドーイングをしたり、適当に相づちを打ってみたり、あえて日本語に翻訳してみたりして、少しでも頭を働かそうと工夫しました。

ただ、こうやっていろいろと工夫をしてみたものの、実際に私がＣＮＮやＢＢＣなどのリスニングに本当に集中できるようになったのは、ＴＯＥＩＣ９００点台を取れるようになってからのことです。

リスニングは何といっても相手の話が理解できてこそ楽しいわけですから、内容が分からないうちはどんなに工夫したところで、長い時間集中できるものではありません。

リスニング力があまりないうちは、リスニングより音読中心の勉強で聞く力の基礎を身につけることをお勧めします。そして、ある程度聞き取れるようになり、楽しめるようになってからリスニングの勉強を増やしていくほうが能率的です。

楽しめないリスニングはしない

Column

ヘッドフォンとMP3プレイヤーは必須ツール

リスニングの上達を助けてくれる便利な勉強道具をご紹介します。

まずヘッドフォンはなるべくよいものを買うべきです。ノイズカット機能がある高性能のものがお勧めです。うるさい電車の中や幹線道路の横でも問題なくリスニングができますので、周りの音がうるさくて聞き取れないといった時間の無駄を極力省くことができます。

静かな場所では自分の心臓の音が聞こえるくらいまで外部の音がシャットアウトされますので、とにかくリラックスした状態でリスニングに集中することが可能です。また、ノイズカット機能があれば大音量にする必要がないので、耳を痛めるリスクが軽減されるというメリットもあります（イヤホンでもノイズカット機能のあるものがお勧めです）。

「リスニングは雑音の中のほうが効果がある」という意見もあるようですが、私の考えでは、とくに初級者のうちはなるべく雑音を排除してクリアな英語を聞いたほうが、発音やイントネーションを身につけるためにはよいかと思います。

集中力をお金で買うと思って、思い切ってよいヘッドフォンを購入してください。ちなみに最初に私が購入したヘッドフォンは2万5000円ほどしました。「ヘッドフォンで2万5000円なんて、高い!」とよく言われましたが、4年間近く壊れなかったので、日割りで計算をすれば1日たかが20円足らずです。1日20円で少しでもリスニングの集中力が買えると考えれば、十分投資する価値はあると思います。

また、iPodやWALKMANなどのMP3プレーヤーも、前述したポッドキャストの番組を持ち歩くためには欠かせないアイテムです。

中でも、語学学習者向けの機能があるものがお勧めです。**リピート機能はもちろんのこと、速度調節機能がついているものもありますので、聞き取りにく**

いところを遅くして聞いたり、逆に倍速にして時間を節約したりすることができて便利です（私は普段1・5倍速で聞くことが多いのですが、スピーキングのときの頭の回転が少し速くなったかなという実感があります）。

英語の勉強にあまりお金を使いたくない方でも、この2点はぜひ購入いただけたらと思います。

第4章

読めば読むほど、スピーキング力が驚くほど伸びる

「突然話せるようになった」瞬間

先ほどのリスニングの章で、「英語が突然聞き取れるようになった」というような体験はしていないと申し上げました。しかし一方で**「英語が突然話せるようになった」瞬間**というのは、私はハッキリと覚えています。

大学3年生のときのことです。早朝に1人でぶらりと学校の周りを散歩していたときに、ふとなぜだか英語を話してみたくなって英語で独り言を言ってみたら、自分でも驚くほど言いたいことがスラスラと出てきて感動した、という記憶があります。

私は変わり者のようで、英語の勉強をしていたものの、とくにペラペラになることに対する憧れや目標はありませんでした。したがってその体験をするまで、音読以外には一切会話のための練習はしてきませんでした。当時、唯一英会話をする機

会といえば、大学で週2～3コマあるネイティブの団体授業のみで、自分が英語を話す時間で考えたら1週間で10分そこそこだったのではないかと思います。

しかし驚いたことに、それでも気がついたら自然とスピーキング力が身についていたのです。後に英会話スクールや英語学校に入学した際にも、ほとんどネイティブと会話をした経験がないにもかかわらず、流暢さや発音の良さをたくさん褒めていただきました。「留学経験がないなんて信じられない」という大変ありがたいお言葉も講師の方からいただいています。

その秘密はやはり音読にあると私は確信しています。膨大な量の音読をこなしたことが、知らず知らずのうちにスピーキング力の下地を作ってくれていたのだと思います。英語が突然話せるようになった時期を考えてみても、前述の〝About a Boy〟の2942ページの音読を終えたあたりでした（92ページ参照）。

スピーキング力を上達させるためには、ぼんやりとリスニングを続けるより、1ページでも多く気持ちの込もった音読をして英語脳を鍛えることが近道です。

Do It!

気づいたらしゃべれていた、くらい音読する

スピーキング上達につながる音読法

音読でスピーキングの力を確実に伸ばすためには、「ぬいぐるみに読み聞かせする」の項（62ページ参照）を参考にして、ひたすら会話していることをイメージして音読をすることが大切です。

話したいことが頭の中にあって、今まさに自分で考えながら話しているという感覚をもちましょう（そのためには、やはり繰り返し読むとよいです）。そして、俳優がセリフの練習をするときのように、親が赤ちゃんに話しかけるときのように、スポーツ選手がインタビューに応えるときのようにと、いろいろと自分が話している姿をイメージして音読していきましょう。

そして、音読しているときの自分の声を録音して時々チェックしてみることをお勧めします。

評価基準は「会話っぽいかどうか」です。録音した声を他人が聞いたときに、音

読をしているのか会話をしているのか、区別がつかないような音読を目指してください。英語仲間を作って音読会のようなものを開催し、他人に評価してもらうのもよいかと思います。

リーディングとしての音読ではなく、**スピーキングとしての音読をつねに心がけるように**しましょう。

音読が会話っぽいか、つねにチェックする

「5分間沈黙禁止」ルール

私は音読をやり続けたことで、自然としゃべれるようになっていましたので、とくに気合いを入れてスピーキングの練習をしたということはありません。ただ、ある程度しゃべれるようになってから1年間くらいは、できるだけ英語で独り言を言ったり、意識的に英語で考え事をしたりしていました。

独り言を言うというのは日本語であっても難しいものです。話し相手がいないのにどうやったら長くしゃべり続けることができるか、いろいろと工夫をしなければなりません。

私が心がけていたのは、**英語で独り言を言おうと決めたら、そこから5分間は沈黙禁止と心に誓って、ノンストップでしゃべり通す**ことです。黙ったらダメというのが唯一のルールです。

沈黙にならなければよいのですから、話す内容は何でもかまいません。you know, you know…（だから、ほら…）で時間稼ぎするのもアリですし、支離滅裂で話の流れがつながらなくても一向に差し支えありません。

今日食べたご飯の献立、天気、友達と話したこと、身の回りの状況などなど、とにかくどんなことでもよいので話し続けましょう。話がつまりそうになったらすぐに話題を変えて大丈夫です。**「起承転結」ならぬ「起転転転」のつもりでしゃべりましょう。**そうすればたかだか5分、できないことはありません。

この練習をしていくと、「沈黙を作らないように何か言わなきゃ」という意識が鍛えられます。その結果、よく使う単語なら頭に思い浮かんだ瞬間にすぐ英語で出てくるようになります。

この5分間スピーチは、できれば録音しておいて後で聞いてみることが望ましいです（なかなか勇気のいることですが…）。自分の発言を客観的に聞き直してみると、「このときはこう言えばよかったんだな」といった発見ができ、言えなかった表現を辞書で調べることができるからです。言いたかったけど言えなかった、という悔しさが英語を学ぶ力になってくれるでしょう。

Do It!

独り言の達人になる

集中して話せば「泡を吹く」

英語が話せるようになってから感じたことですが、会話や音読に本気で没頭しているときというのは、人間、無意識に泡を吹いているものです。「口角泡を飛ばす」という言葉がありますが、まさにそのとおりで、話すことに集中すればするほど唾も飛びますし、泡も吹きます。

なかなか下品な話で申し訳ないのですが、1人で音読やスピーキングの練習をしているときは、どうせ誰も見ていないのですから、泡が吹けるくらいの集中力を目標にしてみましょう。

今日1日の勉強でいきなり英会話力を高める、というのは難しい話ですが、いきなり集中力を高めることならばある程度は可能です。

普通の人は「泡を吹くくらい没頭して会話の練習をしよう!」などとは考えずに

勉強していますから、ほんの少し意識を変えるだけでも大分周りと差がつくはずです。本当に気合いを入れて口を動かせば、音読でも会話でも、泡くらい出るものです。

今の英語力が三流であろうと二流であろうと、集中力だけは一流のアスリートのような気持ちで勉強するように意識を変えましょう。それが一流の英語力を身につける最短コースだと思います。

Do It!

没頭して泡を吹きながら話す

ネイティブのモノマネで自己暗示

会話の合間に舌打ちをすることは当然、失礼なことです。しかし日本人と比べて英語のネイティブは、どうも話をしている際に舌打ちをする回数が多いような印象があります。私の周りがたまたまそうなのかもしれませんが、英語が達者な日本人でも、以前舌打ちばかりする方にお会いしたことがあります。

そこで試しに、英語を話している際に私も舌打ちをするようにしてみた時期があります。何となくですが、その時期は普段よりもスムーズに英語が出てきたのではないかなと思いました。相手に失礼ですので、あまり続けられないことが難点ですが…（できれば実践ではなく独り言のときにやりましょう）。

舌打ちに限らず、ネイティブの眉の動かし方や笑い方、相づちのうち方など、**何か1つでもモノマネができるものをもっていると、英会話に入り込みやすくなりま**

す。

英会話サークルなどに行くと、時たまアメリカ人よりもアメリカ人らしい（?）しぐさをしている方とお会いしますが、おそらく英語を使っているときは意識的に心から外国人モードになっているのではないかと思います。自己暗示的な方法ですが、会話力は精神的な要素が大きいので、試してみる価値は大いにあります。

Do It!

舌打ちをしながら話してみる

英語を話す機会は日本でいくらでも作れる

日ごろ英語を使う機会がなくてお困りの方は、ぜひ**インターネットで英会話サークルを探してみてください。**周りにも「英会話の練習がしたい！」という人はたくさんいるはずです。もちろん英会話スクールに通うのも手ですが、英会話サークルの場合、多くは無料か、５００円ほどの参加料（それにカフェなら飲食代など）しかかかりませんので、英会話スクールよりも断然少ない投資で済みます。

とくに都心部では至る所に英会話サークルがあります。ネット検索で「英会話サークル　○○（希望の場所）」と打てばいろいろと見つかると思います。東京にある大きなサークルをいくつか挙げてみると、

・東京英会話倶楽部…都内各地の駅近くで毎日開催
・カフェ英会話♪…池袋・大崎・新宿・日本橋などで毎週開催
・ＥＣＴ（英会話サークル東京）…池袋で毎週開催

などがあります。

また、英会話サークルと英会話スクールの中間的な存在（サークルより割高だがスクールよりは安く、ネイティブ講師がいることも多い）である**「英会話カフェ」**というものも都市部では点在しています。こちらもいくつか挙げておきます。

・グリーンカフェ
・Leaf cup
・コムイン
・ミッキーハウス

もしご近所に英会話サークルがなかったとしても、ミクシィなどのＳＮＳ（ソーシャル・ネットワーキング・サービス）やブログを活用すれば、自分でサークルを作ることも可能です。

ツイッターなどで告知をしてみるのもいいでしょう。その場合、字数制限がありますので、ブログのリンクなどを貼って呼びかけます。#eikaiwaや#yokohama(サークル開催地の名前）といったハッシュタグをつけると検索されやすくなります。

英会話人口は本当に多いので、割と簡単に人は集まるかと思います。

私は今までに7団体20か所くらいの英会話サークルに参加してきました。多い年で年間100回ほど参加していると思います（そのうち主催が60回ほど）。大体が東京のサークルなのですが、ネットで声をかけあったのがきっかけで地元（埼玉県川越）にも新しいサークルができたりしました。

もちろん英会話サークルはスクールとは違いますので、文法などを一から教えてくれる先生はいませんし、ネイティブと一緒に話すことも期待できません。私は今までに韓国人や中国人、スイス人やペルー人の参加者とお会いしたことがありますが、英語圏出身者とはほとんどお会いしたことがありません。参加者の知り合いのアメリカ人と、開催場所のお店で働いていたカナダ人、たまたま同じサークルに参加したフィリピン人の計3人くらいでしょうか。

しかしながら、ネイティブではなくても、英会話サークルに参加される方はどなたも積極的に英語を使おうとしますので、そういった方々の中にいることは非常によい刺激になります。

むしろネイティブと話すより、英語の達者な日本人と話すほうが刺激になることもあります。「同じ日本人なのに、負けてたまるか！」という意識が芽生えますし、どうやって英語の勉強をしてきたのかを聞くよいチャンスでもあります。それに、英会話スクール講師とは違って、サークルに参加するネイティブは参加動機もさまざまですから、必ずしもつきっきりで英語を教えてもらえるわけではありませんし、気を抜くと英会話ではなく単なるリスニング練習で終わってしまいます。

「サークルに参加できるほどしゃべれない…」と考える人もいると思いますが、レベルに関してはあまり心配する必要はありません。

サークルでは、5秒に1単語くらいしか出てこない初級者や、かなり人見知りをしている人もよく見かけます（とくに大きなサークルだと毎回のようにいます）。今のレベルが低くても、やる気のある人ならば基本的にどのサークルでも歓迎してくれるはずです。誰でも初めてのときは勇気をふりしぼって参加したはずですので、周りはきっと優しく接してくれることと思います。どうしても不安だという場合は、英語が得意な友達を誘って一緒に参加するか、初級者テーブルのあるサークルを選んで参加してみてください。

私が今までに参加したサークルはどこも勉強会という堅いイメージではなく、喫茶店などで楽しく会話を楽しんでいるといった和やかな雰囲気のところばかりでした。

こういった場所は、単に英語の勉強だけでなく、友達を作る機会としても最適です。海外経験の豊富な方が多いので、面白い話もたくさん聞けて知識も本当に増えます。**英語の勉強ができて友達や仕事の人脈も作れる、まさに一石二鳥の交流の場**です。まれに翻訳や通訳の仕事をされている方ともお会いしますので、実力のある人であれば関連する仕事をもらえるチャンスが巡ってくるかもしれません（私も翻訳の仕事などを頼まれた際に、英会話サークルで知り合った人をご紹介する場合があります）。

私は英語を勉強するようになってから、英語圏の外国人よりも、むしろ日本人や非英語圏の外国人と知り合う機会がとても多くなりました。これは本当に、**英語を学んでいる人に与えられた特権**ではないかと思います。知らない人たちが会話目的にカフェなどに集まるわけですから、一種の「プチ異業種交流会」のような側面があるわけです。

学生にしても社会人にしても、この特権を活用しないのは本当にもったいないことだと思います。「日本人同士で英語を話すのは恥ずかしい」などと思わずにぜひ一歩を踏み出してみてください。きっと英語以外にも多くのことを得られるはずです。

英会話サークルに参加して特権を味わう

✓会話のパートナーを探す

英会話サークルに参加するようになると、次第に英語を練習したがっている人との人脈ができてきます。もしそういった方々と意気投合したら、気の合う仲間同士で英会話の練習会を開催してみるのもよいと思います。

英会話サークルでは基本的に集団で会話することが多いので、どうしても1人1人が話す時間が限られますが、その点、気の合う仲間同士が少人数で集まれば思う存分に練習することができます。

この場合、お互いの英語力の差は大して気にする必要はありません。**むしろレベルに差があったほうがお互いに得るものがある**のです。初級者は上級者からたくさん表現が学べますし、上級者は初級者が理解できるようにいろいろな言い回しを考えて使う練習になります。目安としては、TOEICのスコアが2人合わせて1200〜1300点以上あれば大丈夫だと思います。私はTOEIC300点台の人と会話させていただくこともありますが、いつも大変有益な時間を過ごしています。できるだけシンプルな英語を意識してしゃべるというのは、なかなかよい訓練になるものなのです。

会話のパートナーを見つける方法は、基本的に自分から声をかける以外にはないと思います。私の場合はたまに人づてで英会話の練習相手をお願いされることもありますが、それでも自分から声をかけた人数のほうが圧倒的に多いです。

カフェで英語を話すというのは、最初はどうしても気恥ずかしいものですので、あまりに静かで会話が筒抜けになってしまうようなカフェは避けたほうが無難でしょう。テーブルの間隔が広めか、少し騒がしいくらいのカフェの隅のほうに陣取って練習してみると、遠慮なく英会話に専念できます。

話す内容はもちろん世間話でも何でもかまいません。日本語で会話しているときと違って、慣れない英語の場合はどうしても会話の展開が遅くなりますので、長時間会話していても意外とネタ切れしにくいものです。もし会話が続くか不安なら、あらかじめ話すトピックを用意しておくか、最近あった出来事くらいは英語で話せるように準備しておいたほうがいいでしょう。**準備段階でのイメトレは、実践と同じくらい勉強になります。**

また、**上級者ならスカイプなどの無料インターネット通話ソフトを使って、定期的に英会話の会を開催する**ことも可能でしょう。テレビ電話は相手の顔が見えるとはいえ、やはり実際に会って話すより難易度が高いのですが、カフェ代もかからず自分の部屋で手軽に英会話ができるのが魅力です。

私は以前、アメリカや中国、アルジェリアの方とスカイプで英会話をしたことがあります。知らない人といきなり電話で話すのはやはり大変なもので、話がはずんだのは1人だけでした。まずは知り合い同士ではじめて、慣れてきたら知らない外国人との英会話にチャレンジしてみるのもよいかもしれません。

レベルを気にせず、会話パートナーを見つける

英会話と翻訳の違い

資格を取ってから、電話やメールで「○○って英語でなんて言うんですか？」という質問を受ける機会が増えたのですが、私は正直翻訳には自信がありません。英語で話すことと日英翻訳をすることとは根本的に違うからです。

以前、英会話サークルで次のような質問をされたことがあります。

「以前までは自由な時間が多かったんですが、最近になってあまり暇な時間がとれなくなってきてしまいました。これって英語で何て言うんですか？」

その時は「I'm busy now.」とだけ答えたのを覚えています。

日英翻訳としては0点かもしれませんが、実際の英会話ではこのようになるべく簡単な言葉で表現することが上達のカギなのではないかと思います（難しい日本語を簡単な日本語に変えて訳したので、日日英翻訳といえるかもしれません）。初級者に限って難しい日本語をそのまま英語に翻訳しようとするのですが、かりにこちらが丁寧に翻訳してみせたところで、そもそも英会話の勉強になるのかは疑問です。それより**初級者のうちは簡単な英語で最低限自分の言いたいことを表現する練習をしたほうが会話のトレーニングになる**のではないでしょうか。不要な箇所は思い切ってカットすることです。

ちなみに、簡単な調べものもしないで「○○って英語でなんて言うんですか？」とすぐ他人に質問する人が時々いますが、効率性の面から考えるとまず成長しないと思います。独学で身につける言葉の量と比べたら、他人から教えてもらえる量など、実際はかなり限られているからです。

Do It!

最低限伝えたいことのみ話す

ライティングは会話の延長

ここまで第1章からリーディング、リスニング、スピーキングと書いてきましたので、順当にいけば次は「ライティング」の章になるところですが、ライティングに関しては独立した章は設けませんでした。理由は3つあります。

(1)他の3技能に比べて独学が非常に難しいこと
(2)ビジネス以外の用途では、あえてライティングの勉強までする必要性に乏しいこと
(3)ビジネスの用途では、達人の域に達しない限り、最終的には辞書などからの引用に頼らざるを得ないこと

ライティングというのは他の技能と比べても、独学で伸ばすのが大変難しい分野です。英語がペラペラな上級者でも、実際は会話の中で多くの文法的なミスを犯し

ているもので、ライティングとなると自信がなくなってしまう人も多いのではないでしょうか（私も苦手意識が強いです）。

会話の場合はそれでも「通じればＯＫ」で済むことが多いわけですが、ライティングの場合は書いた文章が残ってしまいますので、ちょっとの文法ミスでも気になってしまうものです。日ごろから英語日記をつけたりすることで多少上達することはあっても、独学の場合は最終的に「話し言葉をそのまま書いてみただけ」というレベルに留まってしまうことがほとんどではないかと思います。日本語ネイティブでも日本語の基本的な助詞の使い方をよく間違えますし、文のリズムや句読点の打ち方などといった細かいことは、素人には到底分からないものです。ライティングで求められる運用能力というのは本当に高度なものですから、よほどセンスのある人でない限り、独学での上達は難しいと思います。

とはいえ、**ライティングにこだわらずとも、ライティング以外の3技能をしっかりと伸ばせれば、自然にある程度の書く力は身につく**ものなのです（むしろ、音読を主体で勉強してきた人は自然とbookish＝文語的な表現が身についていますので、ライティングでもそれをそのまま活かせることが多いようです）。

以前、ネットを通じて知り合ったネイティブの方々とメールで文通をする機会があったのですが、特別にライティングの勉強をしてこなかった私でも、普通に英会話をしているような感覚で問題なくやりとりができました。多少はしっかりとした英語を書かなければと辞書をひいたりもしましたが、むしろネイティブのほうがくだけた表現を多用してきたものです。

このような文通の場合、ライティング力というのはほぼ会話力と同じと考えてよさそうです。もちろん文法的なミスや不自然な表現もたくさん書いてしまったと思いますが、多少のミスは仕方がないと割り切って考えました。ネイティブでも正しい文章が書けない人はたくさんいるでしょうから、ノンネイティブの私があまり気にする必要はないと思ったのです。

かりにフォーマルな英文メール、または英文契約書を作らなければならないといった場面では、それこそ英語の上手なネイティブなみに、しっかりとしたものを作らなければなりませんから、私たちノンネイティブが0から作るには荷が重すぎます。極力、信頼できる英文から一部をコピー&ペーストして転用するのがベターでしょう（俗にいう「英〝借〟文」です）。知り合いの通訳者の方でさえ、正式な英文レターを書く際は市販の本を参考にして書くとおっしゃっていましたので、フォーマルなライティングは使える表現をいかに拝借できるかが大切なのです。

どうしてもネイティブの添削を受けたいという方には、Lang-8（ラングエイト）というサイトがお勧めです。ネット上に各言語で日記を書いて、それをいろいろな国からの参加者がボランティアで添削をするという仕組みのＳＮＳです。

当然、外国人が日本語で日記を書いた際にはこちら側もボランティアで添削することが求められますが、基本的に無料で利用できるというのがありがたいです。

Do It!

ライティング力にはこだわらない

Column

「よい発音」とは何か

私が考える**よい発音の定義とは、「聞き手をちゃんと意識している」発音のこと**です。聞き手の反応を見て、声の大きさや話す速度といった、自分で調節できるものをちゃんと調節できている発音がよい発音です。

ネイティブでも発音の悪い人は大勢いると思います。聞き手のノンネイティブのレベルに合わせて話せない人はみんな発音下手です。

さらにノンネイティブの発音下手になると、周りが聞き取れていないのにもかかわらず、「私は○○訛りだから」と完全に開き直って〝流暢〟な英語を話し続ける人もいて困りものです。

英語の発音は「ネイティブだから正しい」わけでもなければ、逆に「日本人だから日本人訛りでもよい」わけでもないのです。それを決めるのはつねに相手です。

カタカナ発音しかできないのならば、相手に一番伝わりやすいカタカナ発音は何かなと、相手の反応を見ながら声の大きさや速度など調節できるところを調節していける人が、よい発音の持ち主だと思います。

第5章

TOEIC満点の単語力が身につく勉強法

語彙力を伸ばすカギは復習の習慣化

英語学習者とお会いするたびに、「どうやって単語を覚えたのですか?」と質問されます。よくされる質問の断トツNo.1です。

私もボキャ貧に本当に悩まされていた時期が3年間ほど(大学1~3年)あったので、気持ちは大変よく分かります。そのころはどうにかして効率よく覚える方法はないものかと、接辞(接頭語や接尾語のことです)や語源を勉強してみたり、類義語や対義語をセットで覚えるようにしてみたり、ゴロ合わせで記憶してみたりといろいろ試してはみましたが、正直なところ劇的に暗記がラクになるような方法は発見できませんでした。

結局のところ私がやってきたことはごくごくシンプルで、自作の単語カードまたは電子辞書の単語帳機能を使って毎日少しずつ覚えただけなのです。そうして3年ほど経ったころには、気がつけばTOEICレベルの単語はほとんど制覇してしまいました。大切なのは継続することで、3年間もコツコツと続けることさえできれば、優れた暗記力や特別な暗記方法などは一切必要ないのです。

単語の暗記というとかなり面倒臭いイメージがしますが、**暗記というよりは、その日に新しく知った単語を寝る前などに軽く復習するだけでよいのです。これは電子辞書の機能を上手に使えば1日10〜20分もあれば済んでしまう作業**です。英検1級に受かったときでさえ、単語の勉強はこの復習以外、特別なことは何もやっていません。

「どうやって単語を覚えたのですか？」と質問する人の多くは、飛躍的に暗記がラクになるような方法を期待しているのかもしれませんが、そういった方法は「ありません」というのが私の答えです。その代わりどんなに平凡な方法でも、毎日わずかな時間を使ってコツコツ3年間も続けることができればボキャ貧は解決できるのですから、あまり無理に暗記方法にこだわる必要はないのです。

それよりも問題は、**どうやって単語の勉強をコツコツ続けていくか**ということです。どうしても単語の勉強というのは、音読やリスニングに比べて地味でつまらないものになってしまうので、この点は仕方がありません。長年続けてきた単純作業を振り返ってみて唯一、単語の勉強をコツコツ続けられてきたコツ（コツが多いですね…）があるとしたら、おそらく「あまりイライラしない」ということに尽きると思います。こういった単純作業は「頑張ろう！」と気合いを入れればよいというものではありません。

どんなに気合いを入れたところで、**英単語の暗記というのはすぐに結果が出る類のものではないですから、余計な気合いは逆にストレスになって返ってきます。**英語を本当に上達させたければ、この先何年間も単語の勉強を続けていかなければならないわけですから、淡々とした気持ちで、食後に歯を磨くくらい当たり前の習慣として生活の一部に組み込んでしまうことが肝心です。

本当の意味で「生活の一部にしてしまう」とはどういったことなのか。以前、非常に興味深いお話をうかがったことがあります。

中国で何十年もの間（50年以上だったと記憶しています）にわたって植林活動を続けている日本人の方がいらっしゃるそうです。その方が何歳なのかまでは存じませんが、少なくとも人生の大半の時間を植林活動に費やしているわけです。そんな方が、あるとき、このような質問を受けます。

「そんなにも長い間活動されていて、一度も辞めたいと思ったことはないのですか？」

これに対して、その方は即答で「ないない!!」と言った後、さらにこうつけ加えました。

「だってそんなに本気じゃないからね」

何十年も続けている活動を、「そんなに本気じゃない」とサラッと言えてしまうことの真意は何なのか。おそらくその方にとっての植林活動とは、毎日ご飯を食べたり歯を磨いたりするのと同じくらい自然なことなのではないかと思います。**あまりにも当たり前のこととして考えているので、そもそも「頑張ろう」とか「つらいな」などといった考えすら頭に浮かんでこないレベル、**ということではないでしょうか。

「もういい加減、毎日歯を磨くのは疲れたな。やめようかな」と思う人はいないはずです。英単語の勉強も、そのくらい当たり前という意識をもつことが理想的だと思います。

逆説的ですが、**本当に継続させたければ「継続させてやるぞ!」などと無理に気張らない**ことです。歯磨きのついでにやってみようかな、寝る前に眠くなるまで単語帳でも見るようにしようかな、くらいの軽い気持ちがよいのです(歯ブラシの場所や枕元などに単語カードを置いておくといいでしょう)。

もちろん集中して暗記に励むことは悪いことではありませんが、それはあくまでも継続できたらの話です。集中して一生懸命に単語を覚えても、結局1か月そこそこで飽きてやめてしまっては元も子もありません。しっかりと習慣づけるためには、最低でも3週間、できたら3か月間は1日も欠かすことなく続けていきたいところです。

ですから、1日あたりの勉強の質を落としてでも、歯磨きのように淡々とした気持ちで毎日こなしていくほうが、長期的な戦略としては正しいように思います。単語の暗記で全力を出すよりも、好きな洋書の音読など、楽しめることのほうにエネルギーを使いましょう。

ちなみに単語の暗記をする時間帯は、個人的には夜が最適だと思います。夜ならば、その日に出会った新出単語の総復習ができますし、暗記というのは寝る前にしたほうが効果的だという説もあるからです（「今日覚えた単語なんだったっけなぁ…」と考えながら眠りにつくと、朝起きたときに不思議と思い出せていることがあります）。

初・中級者でまだまだ語彙力が乏しい人は、まずは毎晩、寝る前の10分だけで結構ですので、その日出会った新出単語を復習してから布団に入り、頭の中で反芻しながら眠りにつくクセをつけてみてください。

その日出会った新出単語を復習するだけ

頻出単語ほど覚える必要はない

頻出単語が並べられている単語帳の類は、試験直前などの特殊なケースを除いて無理に使う必要はありません。そもそも「頻出単語」と呼ばれるような単語は、その試験のみならず一般的にもよく使われている可能性が高いわけですから、第1章でお話した音読方法で大量に音読をこなしていれば自然と頭に入ってくるのです。

逆にいえば、**市販の単語帳などを使ってまで頻出単語の勉強が必要だと感じる人は、まだまだ音読の量が不十分であると考えたほうがよい**と思います（もしかしたら、「一般的にはあまり使われないが試験にだけよく出てくる」といったおかしな単語も存在するかもしれません。そういった単語の存在は放っておきましょう）。

また、「はじめに市販の単語帳などで頻出単語を覚えてから音読したい」と考える人もいるかと思いますが、**どうせ覚えるのなら、洋書や映画という大きな流れの中で覚えていったほうが身につきやすい**ように思います。単語はいろいろな文脈の中で何度も出会うことによって定着していくものですから、単語帳に載っているわずかな例文だけで覚えようとしても無理があるのです。

前もって（もしくは音読と並行して）市販の単語帳などを使いたいのなら、『速読英単語』（風早寛著）のように長文が載っていて、さらに対義語、類義語、語源まで記載されているものを選ぶとよいかと思います。

頻出単語は音読でいつの間にか覚える

あなたはムダな単語とは出会わない

単語を暗記するときはとにかくポジティブな心構えで、「大事な単語だ！」「使える単語だ！」と決めつけてしまうことがコツです。「今後使う機会があるのかどうかもよく分からない…」などと思っていたら覚えられる単語も覚えられません。

「この単語と出会えて、自分はなんてラッキーなんだ!!」という姿勢で臨んだほうが、気持ちがラクです。ここはひとつ戦術だと思って、出会った単語はすべていつか使うときがくる単語なのだと意識するようにしましょう。

そうした意識をもつことで、知らない単語に出会ったときに「また知らない単語だよ…あ〜あ、辞書をひかないとな〜…」といったネガティブな気分になることがなくなります。代わりに**「また知らない単語だ、ラッキー！」と思って喜んで辞書をひけるようになります。この意識の差は想像以上に大きい**ものです。

取るに足らないような小さな工夫かもしれませんが、この先1万回以上も実践できるコツだと思えば、ちょっとした工夫だからといって見くびることはできません。

Do It! 知らない単語を見たら「ラッキー」と言う

英単語はすべて擬態語・擬音語だ

日本語は擬態語や擬音語がとても豊富な言語といわれています。「興奮した」と言うよりも「ドキドキした」「ワクワクした」と言ったほうが簡単に感情を伝えられますし、「水をガブガブ飲む」と「ビールをグビグビ飲む」のように、同じ飲むという行為でもそのニュアンスの違いを表現することができます（ちなみに擬態語と擬音語の区別ですが、実際には心臓の音がしないワクワクが擬態語で、実際にドキドキと音がするほうが擬音語です）。

さて、英単語の暗記をするときも、**単語がすべて擬態語や擬音語だと思い込むと面白くて覚えやすい**です。覚えたい単語に出会ったら、まずは辞書で意味を調べて、「この単語の発音って、何となくこんなイメージだなぁ」という軽い感覚をつかみましょう。たとえば、flick（むちや指で軽くひと打ちすること、テニスなどのすばやいひと振り）という単語でしたら、「flick!!! flick!!!」って勢いよく発音すると、何となく指で何かをはじいている感じがするかも…」といったアバウトな感覚で結構です。

要は英単語を覚えているという感覚ではなく、**日本語の新しい擬態語だという感覚で音と意味を直感的に結びつけていく**のです。初級者にはたいそう難しいことのように聞こえるかもしれませんが、むしろ慣れてしまえば日本語訳を正確に覚えることのほうが難しいと感じるようになります。「flick？　英語の意味はなんとなく分かるけど…ちょっと待って、日本語の訳が出てこない…」といったことは、上級者ならば誰しも経験することです。

実際、音が近い単語はイメージも近いということがしばしばあります。そのことを実感していただくために、次ページに挙げた単語を見てみましょう。

いかがでしょうか。すべて〝fl〟で始まる単語を挙げてみましたが、何となく「明るい」とか「勢いがある」といった共通のイメージをもっていただけたのではないかと思います。音が近いということは語源が同じである可能性が高く（たとえば

単語から共通のイメージを思い描く

flag（旗）	**flap**（旗などが揺れる）
flair（天賦の才能）	**flare**（炎がゆらめく）
flame（炎）	**flamboyant**（燃えるような）
flash（光・炎のきらめき）	**flush**（赤くなる）
flesh（肉）	**flexible**（柔軟な）
flick（はじく）	**flip**（はじく）
flood（洪水）	**flow**（流れる）
fluent（流暢）	**fluid**（流動的な）
flower（花）	**flourish**（栄える）
fling（投げつける）	**flight**（飛行）
flirt（いちゃつく）	**flattered**（光栄に思う）

flowerとflourishは同じ語源なので、flourishは「花開く＝栄える」とイメージで覚えられます）、またflickとflipのように、似たような意味の擬音語らしきものも存在します（細かい違いは英英辞典で調べられます）。

このように、**「何となくあの単語の音に似ているな」とひらめいたら、単語を覚える大きな助けになります。**電子辞書のスペルチェック機能などを活用して、スペルの似た単語を一緒に検索して覚えてしまうのもよいでしょう。

今まで辞書の日本語訳で単語を覚えてきたという人にとっては、日本語に頼らずイメージで覚えるという作業は不安かもしれませんが、やってみるとすぐに慣れてしまうものです。

英単語はすべて擬態語・擬音語であると思いこみ、可能なら似たような単語を連想するなどして、感覚的に単語をとらえられるようにしてください。

Do It!

音とイメージで単語を覚える

「ペンキ塗り式」暗記法

単語は1回の勉強で完璧に覚えるのではなく、「覚えて↓忘れて（正確には忘れかけて）↓また覚える」といった作業を何度も繰り返しながら、徐々に記憶を定着させていくものです。

ペンキ塗り職人が壁にペンキを何度も上塗りしていくように、単語の意味を脳に少しずつ上塗りして記憶させていきましょう。試験の一夜漬けのようにがむしゃらに覚えた単語は忘れるのも早いものですが、長い時間をかけて、多くの文脈の中で覚えていった単語はしっかりと脳に定着します。

ある単語をはじめて覚えるときは、**まずは明るい単語なのか暗い単語なのか、善なのか悪なのか、強いのか弱いのかなど、二者択一のイメージでとらえるところからスタートする**とよいと思います。

先ほどのflickでしたら、「むちで打つなんて、ちょっと怖い感じの単語だなぁ」、もしくは「力強いイメージだなぁ」というように意識してみます。そして次にまた同じ単語を見かけたときは「あ、このflickってたしか、何となく怖い感じの（または力強いイメージの）単語だったな」という大まかな感覚だけ思い出せれば、意味が分からなくてもとりあえずは成功とします。

「単語の意味が思い出せない＝失敗」と感じてしまう人も多いと思いますが、実際はそうではありません。本当に忘れている人は、そもそも「忘れた」と思わず、初めて見る単語だと認識するはずです。

ですから**「この単語の意味忘れちゃった」と思えた時点で、第1段階はクリア**なのです。「明るい感じの単語だったな」といったところまで思い出せれば、実は大分いい段階までできています。「何度も調べた単語だけど、また忘れたな」という段階に到達すれば、記憶の定着まであと一歩です。

中には簡単にスッと覚えられてしまう単語もありますが、その逆で一向に覚えられない相性の悪い単語もたくさんあるものです。

私の場合、〝exuberant（元気な）〟と〝exacerbate（悪化させる）〟や、もっと

初期のころの例を挙げれば〝content（満足している）〟と〝contend（争う）〟などがごっちゃになって、本当に毎度毎度見かけるたびに「前覚えたハズの単語なのに!!」と思いながら辞書をひいたものです。それぞれ少なくとも5回以上は辞書で調べたはずで、そのたびに自分の記憶力のなさにあきれかえりました。

結局のところ、**単語の暗記は確率のゲーム**のようなもので、何回くらい暗記をすれば頭に定着するかというのは、ほとんど運で決まるようです（忘却曲線という理論もありますが、単語の暗記は相性によるところが大きいです）。しっかり覚えられたかどうかはあまり気にせず、やはり淡々と毎日続けていくことが一番大切だと思います。

また、「どうせ確率のゲームなら」と開き直って、スピードを上げてとにかく量をこなしてみるのもアリだと思います。

とくに根拠はありませんが、個人的には1単語にあまり長い時間（10～20秒以上）かけてにらめっこしていても、あまり覚える効率は上がらないのではないかと思っています。それよりも1単語にかける時間を減らして、1週間分の単語を一気に復習するなど、とにかく量をこなしたほうがお得という気がします。

忘れることが当たり前で、何度も忘れて運がよければいつかは覚える、といった気楽なスタンスで暗記してみましょう。

「単語を忘れた＝勝ち」だと思う

熟語は「てにをは」で覚えられる

私は大学受験勉強において、熟語の勉強は捨てていました。英検やTOEICにおいても、とくに熟語の勉強に必要性を感じたことはありませんし、実際の会話でも意識して熟語を使おうと考えたりはしません。そもそも、何が熟語で何が熟語でないのかも曖昧な状態です。

しかしながら意外なほど頻繁に「熟語が覚えられない」という悩みを耳にしますので、私なりに考えた覚え方のコツを書いておきたいと思います。

まず、熟語は何といっても前置詞・副詞（at, in, onといった単語）が主役だと思います。**前置詞・副詞の意味さえ分かっていれば、熟語としてわざわざ暗記しなくても意味が分かってしまうことがめずらしくありません。**ただ、前置詞・副詞は1つの単語に多くの意味があってなかなかイメージがつかみにくいものですので、一度しっかり学習しておくとよいでしょう。『イメージ・メーキング・イングリッシュ』（キム・ミョンギ著）という参考書がたいへん分かりやすくてお勧めです。

前置詞・副詞のイメージをつかんだ後は、**動詞と熟語との間に「てにをは」をつけてみることで熟語はラクに覚えることができます。**211ページに例として、turn（訳：何かを回す、自分が回る、向きを変えるなど）に関する熟語を列挙しておきますので参考にしてください。

多少いい加減な訳もありますが、大事なことは、こじつけでもよいので自分なりに理解してしまえば、熟語として丸暗記する必要はないということです。

たとえばlook forward to のような3語以上から成る熟語であっても、「look（見る）＋forward（前＝未来）＋to（ワクワク目線の方向）＝ワクワクする未来を見る＝～を楽しみに待つ」といったように、1つ1つの単語の意味を自分なりに解釈して分解してみれば、おのずと熟語の姿が見えてきます。

丸暗記するというよりも、熟語がどうしてその意味をもつのか推測しながら、ゲーム感覚で取りかかるとスッキリと覚えられます。

前置詞の意外な意味を覚える

熟語は前置詞や副詞が主役

・**turn against**	against（正反対）にturnする ➡ 敵対する
・**turn around**	around（ぐるっ）とturnする ➡ ぐるりと向きを変える
・**turn away**	away（離れたところ）にturnする ➡ 立ち去る
・**turn back**	back（元のところ）へturnする ➡ 引き返す
・**turn down**	down（下）にturnする ➡ 下げる
・**turn in**	in（相手の範囲の中）にturnする ➡ 差し出す
・**turn into**	into（変化の方向）へturnする ➡ 変化する
・**turn off**	off（スイッチオフ）にturnする ➡ 消す
・**turn on**	on（スイッチオン）にturnする ➡ つける
・**turn out**	out（外）にturnする ➡ 判明する
・**turn over**	over（向こう側）にturnする ➡ 譲る
・**turn to**	to（ある方向）にturnする ➡ 取りかかる、頼る
・**turn up**	up（上）にturnする ➡ 上げる、現れる
・**turn upon**	upon（差し迫っ）てturnする ➡ 攻撃する

能率の上がる単語カード作成法

私がボキャ貧と闘っていた大学生のころは、大きめの単語カード（というよりメモ用紙でしたが）1枚につき英単語を4個ずつ記入したものをつねに持ち歩いていました。辞書で調べた単語をすべてカードに書き込むようにしていたら、気がつくとあっという間に200枚（のべ800単語）くらいに増えていて、持ち歩くのにとても不便でした。

単語カードを使う場合、「この単語、そろそろ覚えたかも」という実感が少しでもあればどんどんカードを捨てることです。

TOEIC900くらいのレベルに達するまでは、新しい単語は次から次へと出てきます。**本当に覚えたかどうかは再び同じ単語を見かけたときに分かることですから、いつまでも単語カードとにらめっこし続ける必要はありません。**少し不安になるくらいのペースでどんどん捨てて、単語カードの入れ替わりの回転を速くしていきましょう。

また、単語カードの裏に日本語訳（または英英辞典の訳）を記入する際は、辞書に載っている訳をそのまま書き写すと時間がかかって能率的ではありません。ちょっとした工夫で少しでも時間を節約しましょう。

たとえば先ほど出てきた〝flick〟という単語でしたら、裏面に記入する訳は〝ピシッ!!〟でよいのです。辞書どおりに「(むちで)軽くひと打ちすること：(指で)ピシッとはじくこと：(すばやい)ひと振り、(テニスの手首の)すばやい返し」などと書くより10秒以上は短縮できるはずです。そして何より、こんな余計なところで労力を使わずに済みます。時たま自分で書いた訳の意味が分からなくなって調べ直す手間がかかったとしても、十分にお釣りがくるでしょう。

それに、辞書をまる写しする作業は単調で飽きやすいものですが、**自分なりの訳を考えて書き込む作業は創造的で飽きにくい**という利点もあります。

自分のイメージと直感を信じて、自分にだけ分かる表現を瞬時に練りだし、オリジナルの訳を記入することを習慣にしてみてください（このとき辞書に載っている語源や接辞などもヒントになります）。慣れてくると単語カードの作成も意外と楽しくなってくるものです。

オンリーワンの訳を考え、記入する

電子辞書を使った単語の暗記法

カードの暗記を1年間ほどやった後は、ずっと電子辞書を活用しています。その方法は、まず、リーディングなどの際に調べた単語を単語帳機能に登録して（1秒で登録できます）、なるべくその日のうちに1回だけ軽く復習します。いちいち単語帳に登録するのが面倒な人はヒストリー（検索履歴）を活用しても構いません。

そして、翌日以降はなるべくすべての単語にざっと目を通して、少しでも「覚えているな」と思った単語はすべて削除していきます。

若干うろ覚えであっても気にせずにどんどん削除しましょう。削除していかないとすぐに単語帳が単語であふれ返って収拾がつかなくなってしまいますし、もし**削除した単語が重要な単語であれば、またすぐにどこかで出くわす可能性が高いので心配する必要がない**のです。初級者であれば1日30分程度のリーディングでも分からない単語は山のように出てきますので、あまり慎重になって単語を溜めすぎていると、単語の復習がどんどん億劫になってしまいます。

もちろん早めの削除を繰り返していると、同じ単語を何度も何度も単語帳に登録することになるでしょうが、それは一向に気にしなくても大丈夫です。

二度手間、三度手間は、単語の暗記に関しては大歓迎しましょう。私など、〝groom〟と〝bride〟がゴッチャになってしまって、十度手間くらいしたことがあります（ちなみに前者が「花婿」で、後者が「花嫁」です。ジューンブライドや、映画の『プリティ・ブライド』ですぐに覚えられそうな単語ですが…）。そのうちにスッと頭に入ってくるときが来ますので、ストレスを感じずに気楽にやっていきましょう。

要は「1単語1単語を確実に覚えよう」という姿勢ではなく、「ササッと10単語を覚えて、忘れてもまた覚え直せばいいや」という心構えが大事なのです。10単語も目を通せば1単語くらいはスッと覚えられる単語があるかもしれませんし、**覚えられなかった単語に関しても、次に出会ったときに「あ、この単語って…前にやったかも?」とぼんやりと覚えていれば勝ち**です。

単語はペンキ塗り式に覚えるんだということを念頭に置いて、「覚えた・覚えてない」といった二元論ではなく、「覚えた度10％…、覚えた度20％…、30％…」といった視点に切り替えて、質より量をこなしましょう。

削除しながら単語を覚える

Column

資格試験対策に単語帳はいらない!?

転職や昇格条件などの理由で早急にTOEICのスコアを伸ばしたい人や、留学で今すぐどうしても一定のTOEFLのスコアが欲しい人、または今年1年が勝負の大学受験生にとっては、単語帳を駆使して一気に単語力を上げる作戦も有効かもしれません。私自身の大学やTOEIC受験を振り返ってみると、やはり単語力が伸びたことが成績アップに大きく貢献したと思うからです。

とくに、平凡だった偏差値を70前後に上げた大学受験時代は、毎日3時間×3か月間、ずっと単語と格闘していました。大学受験というモチベーションがあったからこそ可能だった、いわばドーピング的な勉強法です（忘れるのも早かったのですが…）。TOEICに関しては、私自身の経験と知人の体験談に基づいた目安ですが、スコアが700未満くらいの人で1年以内に100以上伸ばしたいというモチベーションがある方であれば、忘れても構いませんので少なくとも1日30単語は覚えるようにしたほうがよいと思います。

ただし前述のとおり、**市販の単語帳を活用するのは大学受験など本当に高いモチベーションがある場合に限るべき**です。試験対策としては効率的で即効性のある方法ですが、飽きやすいため長期的な勉強方法としては向いていないからです。

私は大学受験が終わってから今日まで、「どうせ続かないから」と思って市販の単語帳にはほとんど手を出していません。唯一、英検1級を受ける直前に1冊だけ買いましたが、難しい単語ばかりですぐに挫折しました。試験の結果、やはり語彙の問題はかなり落としましたが、それでも他のセクションは問題なく解けていて、余裕をもって合格することができました。

単語帳で特別な対策をしなくても、好きな洋書の勉強さえ続けていれば、資格の結果はいずれついてきます。目先の合格にとらわれず、とにかく興味をもって続けられる勉強をするのが一番です。

おわりに

「英語なんて将来使わない」

塾の生徒から、ときどきこういった発言を聞くことがあります。たしかに、今の日本では英語を使わずに日々生活している人の数のほうが多いでしょうから、将来英語が必要不可欠になるとは申し上げません（そもそも極論すれば、「将来必要不可欠なこと」などというものはないのですが）。

しかしながら、英語を身につけたことによって私の人生は大きく変化してきました。英会話サークルなどで日本人の知り合いがたくさんでき、外国人の友達ができ、「英語を教えて」と人から頼りにされるようになりました。雑誌やラジオに出させていただき、こうして出版の夢も叶えることができました。もっと小さなことをいえば、海外の映画やドラマを人一倍楽しめるようになったり、日本語に翻訳されていない洋書やホームページなども読めるようになったり、海外旅行で現地の人とコミュニケーションができるようになったりしました。

こうしたすべてのことは、生きる上で「必要不可欠なこと」ではありませんが、間違いなく人生をもっと楽しく、そして豊かにしてくれるものです。勉強はたしかにたいへんですが、頑張った見返りは十二分にある科目、それが英語だと思っています。

最後になりましたが、この本を出版するにあたってお世話になった方々に、紙面をお借りして感謝の気持ちを伝えたいと思います。

本書の出版にあたりお世話になった日本実業出版社編集部の方々。中学時代から出版の夢を応援してくださった城埼学院の東條一矢室長。英語を学ぶきっかけを与えてくださった市進予備校川越校の坂本貢造先生。獨協大学で多くの助言や励ましのお言葉をくださった通訳クラスの原口友子先生。フィニックス英語学院でいつも目をかけていただいた森喬伸先生、中島輝彦先生。今回の出版に快く協力してくれた英会話in川越の篠原祐司さん。そして、いつも応援して支えてくれる方々——。

皆さんのおかげでこの本を出版することができました。本当にありがとうございました。

私の稚拙な文章をここまで読んでくださった読者の方々にも、厚く御礼を申し上げます。中には合点がいかない勉強方法もあったかと思いますが、なるほどと思えたところだけ、適宜、利用していただければ望外の喜びです。

貴重なお時間をさいてお読みいただき、ありがとうございました。
皆さんの勉強が実を結びますよう、心からお祈りいたします。

２０１０年６月

野島　裕昭

野島裕昭（のじま　ひろあき）
1983年、埼玉県川越市生まれ。獨協大学外国語学部英語学科卒。2008年、英検1級とTOEIC満点を取得し、BBCラジオに出演。その後、国内で英語を身につけた勉強法がAERA English（朝日新聞出版）、ENGLISH JOURNAL（アルク）、THE21（PHP研究所）などで取り上げられている。
※ご感想などがあれば、お気軽にお寄せください。
　ブログ　　http://ameblo.jp/hiro-noji/
　ツイッター　hiroakinojima

留学経験《りゅうがくけいけん》なし！　だけどTOEIC《とーいっく》®テスト満点《まんてん》！
「超音読《ちょうおんどく》」英語勉強法《えいごべんきょうほう》

2010年7月1日　初版発行
2013年4月20日　第9刷発行

著　者　野島裕昭
発行者　吉田啓二

発行所　株式会社日本実業出版社　東京都文京区本郷3－2－12　〒113-0033
大阪市北区西天満6－8－1　〒530-0047
編集部　☎03-3814-5651
営業部　☎03-3814-5161　振　替　00170－1－25349
http://www.njg.co.jp/

印刷／厚徳社　製本／若林製本

この本の内容についてのお問合せは、書面かFAX（03－3818－2723）にてお願い致します。
落丁・乱丁本は、送料小社負担にて、お取り替え致します。

ISBN 978-4-534-04727-4　Printed in JAPAN